LIDERAZGO AL ESTILO DE JESUS

LIDERAZGO AL ESTILO DE JESUS

MICHAEL YOUSSEF

editorial clie

Libros CLIE
Galvani, 113
08224 TERRASSA (Barcelona)

LIDERAZGO AL ESTILO DE JESÚS

Versión española: Eliseo Vila

Depósito Legal: B. 30.466-1990
ISBN 84-7645-189-X

Impreso en los Talleres Gráficos de la M.C.E. Horeb,
E.R. nº 265 S.G. –Polígono Industrial Can Trias,
c/ Ramón Llull, s/n– 08232 VILADECAVALLS (Barcelona)

Printed in Spain

INDICE

4ª PARTE:
LOS PROBLEMAS DEL LIDERAZGO

5ª PARTE:
EL FUTURO DEL LIDERAZGO

*A
Elizabeth
Sarah
Natasha
Joshua
y Jonathan*

mis colaboradores

Parte 1

LOS PRINCIPIOS DEL LIDERAZGO

CAPÍTULO UNO

LA NECESIDAD DE SER CONFIRMADO Y VALIDADO

Un pastor amigo mío hizo un sermón para los niños llevando una camiseta especial, bien visible, debajo del chaleco. En un momento dado anunció: «Tengo algo que deciros, ¡algo que no he dicho a nadie en toda mi vida!» Se quitó el traje, revelando así la camiseta, y declaró: «Soy Supermán.»

Los niños se echaron a reír. Uno de ellos vociferó: «Si usted es de veras Supermán, vuele más alto que el techo.»

El pastor vio que era el momento apropiado para explicarles que mucha gente dice cosas maravillosas de sí misma: «El problema está en que, una vez os he dicho que soy Supermán, tengo que mostraros que es verdad.»

El liderazgo funciona de esta manera también. Cuando alguien afirma que es un líder, tiene que demostrar que lo es. Necesita que los otros digan: «Sí, esta persona es un líder.»

También Jesús se vio obligado a confirmar quién era, para que la gente le siguiera. Cuando unos pocos

11

le reconocieron como el Mesías prometido, pasaron a ser los testigos que confirmaban su mesianidad o carácter de Mesías. El Evangelio de Juan revela que Jesús confirmó repetidas veces lo que decía que era. Esta confirmación viene no sólo de los milagros sino también de otras pruebas más básicas. Este Evangelio revela, por lo menos, siete diferentes confirmaciones del ministerio de Cristo. Vamos a empezar por enumerarlas, después veremos la forma en que afectan y se aplican a las iglesias, el mundo de negocios y las organizaciones de hoy en día.

Primer testigo: El Padre

Fue Dios, el mismo Padre, quien envió a Jesucristo como Salvador del mundo. Nuestro Señor dijo a sus oyentes: «Y el que me envió, el Padre, Él ha dado testimonio de mí» (Juan 5:37).

La aprobación del Padre no era tenida en secreto. Dios quiso confirmar el liderazgo de Jesús de manera abierta inmediatamente después de que Jesús fuera bautizado por Juan.

En aquel momento: «Y he aquí que los cielos le fueron abiertos, y vio al Espíritu de Dios que descendía como paloma y venía sobre Él. Y he aquí una voz de los cielos que decía: Éste es mi Hijo amado, en el cual tengo contentamiento.» Así que, en presencia de Juan y los otros que vinieron a bautizarse, el Padre declaró abiertamente al mundo el vínculo entre Él mismo y Cristo. ¡Qué contraste con Mahoma, el fundador y profeta del Islam, que entró de manera secreta en Jerusalén y dijo haber oído la voz de Dios que le hablaba a solas! ¡Qué contraste con los muchos que empiezan diciendo: «En la mitad de la noche, Dios me despertó y me habló»!

Jesús no tenía que decir al mundo por sí mismo que se le tenía que considerar como líder. El Padre lo confirmó de manera abierta.

En una ocasión de carácter más privado, Jesús se retiró con tres de sus discípulos más íntimos al sitio que más tarde fue conocido como el Monte de la Transfiguración (Marcos 9:2-8). Allí hubo una nueva confirmación al hablar Cristo con Moisés y Elías.

Cristo no se proclamó líder Él mismo. Empezó con el mayor de todos los testigos, y no se paró allí.

El segundo testigo: Juan el Bautista

Juan bautizó a Jesús y vio al Espíritu descender como una paloma. Jesús dijo de él: «Él dio testimonio de la verdad. Empero, yo no tomo el testimonio de hombre, mas digo esto para que vosotros seáis salvos» (Juan 5:33-34).

La «voz que clamaba en el desierto» también había confirmado el liderazgo de Jesús al encontrar al Señor cerca de Betania. Cuando vio que Jesús se le acercaba, dijo:

> «He aquí el Cordero de Dios, que quita el pecado del mundo. Éste es del que dije: Tras mí viene un varón, el cual es antes de mí; porque era primero que yo. Y yo no le conocía; mas para que fuese manifestado a Israel, por eso vine yo bautizando con agua» (Juan 1:29-31).

Juan el Bautista no era sólo un precursor. Era un hombre que se daba cuenta de la singularidad de su propio ministerio: confirmar la identidad de Jesucristo ante el mundo.

Tercer testigo: Cristo mismo

Puede parecer extraño al principio que Jesús apelara a sí mismo como confirmación de su propio ministerio. Pero, después de referirse al Padre y a Juan el Bautista, añadió: «Mas yo tengo mayor testimonio que el de Juan» (Juan 5:36).

En otra ocasión dijo: «Yo y el Padre una cosa somos» (Juan 10:30). Los que le oyeron lo entendieron perfectamente e intentaron apedrearlo: «porque tú, siendo hombre, te haces Dios» (33). Más tarde dijo que si las gentes le habían visto, habían visto al Padre (Juan 14:7).

Cristo no sólo dijo que tenía una relación única con Dios. Cada aspecto e incidente de su vida lo mostró. Sin trucos ni promesas de hacer a sus seguidores ricos y poderosos, Jesús dejó claro que era el líder a seguir.

Cuarto testigo: El Espíritu

Como ya se mencionó, el Espíritu Santo dio su bendición durante el bautismo de Jesús al descender sobre Él. También se quedó con Él (Juan 1:34).

A pesar de que no podemos entender plenamente lo que ocurrió, a causa del simbolismo inherente en el lenguaje utilizado, el incidente deja claro que el Espíritu de Dios confirmó el ministerio y el liderazgo de Jesucristo. La presencia del Espíritu Santo dio a Jesús la autoridad con la que predicó e hizo milagros (Mateo 7:29; Marcos 1:22, 27; Lucas 4:36).

Quinto testigo: La Escritura

El Antiguo Testamento confirma el ministerio de Jesús.

Los profetas predijeron su venida, su ministerio y su muerte. Isaías predijo de manera especial su nacimiento (Isaías 9:6), sus sufrimientos (53:4-10), su servidumbre (42:1-4), así como que alguien vendría para anunciarle (40:3).

Jesús dijo a los líderes judíos que le contradijeron: «Escudriñad las Escrituras, porque a vosotros os parece que en ellas tenéis la vida eterna, y ellas son las que dan testimonio de mí. Y no queréis venir a mí para tener vida» (Juan 5:39-40).

Sexto testigo: Milagros

El ministerio de Jesús fue confirmado por medio de los milagros que hizo. El Evangelio de San Juan los

14

designa «señales». Aunque enumera menos milagros que los otros evangelistas, los que menciona dan testimonio del propósito y poder de Jesús.

Sin embargo, Cristo no hizo estas «señales» para hacer ostentación de su poder. Un egotista no hubiera hecho milagros portentosos, como los hizo Jesús, apartado de la muchedumbre, y no habría dicho a los que curó que no lo contaran a otros. La curación del hombre en el estanque (Juan 5), o del hombre que nació ciego (Juan 9), por ejemplo, parece haber sido presenciada por poca gente. Esto confirma sus palabras: «Gloria de hombres no recibo» (Juan 5:41).

Séptimo testigo: Los discípulos

Los discípulos viajaron con Jesús a lo largo de su ministerio terrenal. Vieron lo que hacía, oyeron lo que enseñaba, y creyeron. Cuando los líderes religiosos empezaron a perseguir al Señor y Él dejó ver de manera clara las dificultades que entrañaba el apostolado, muchos de los denominados discípulos, pero no todos, se hicieron atrás de sus intenciones.

Los que se quedaron con Cristo, incluido san Pedro, dijeron: «Tú tienes palabras de vida eterna» (Juan 6:68). San Pedro no quería decir únicamente que Jesús tenía conocimiento de las normas y reglas de la vida, sino que Jesús era el que daba vida eterna. Y el apóstol Juan acaba su Evangelio afirmando que él da testimonio —que confirma— de la vida y ministerio de Jesús (21:24).

Los líderes de hoy

Los que entramos en posiciones de liderazgo hoy en día no lo hacemos con las cualificaciones de Jesucristo. Pero podemos aprender este principio de su vida: *la llamada al liderazgo debe ser confirmada.*

¿Qué pensaríamos si en la mitad del culto se levantara un desconocido y, acercándose al altar, declarara:

«Vengo para llevaros a la verdad.» **Aparte** de la primera sorpresa, ¿cómo sabríamos quién era? ¿Cómo podríamos saber que decía la verdad?

Lo primero que haríamos sería preguntar: «¿Con qué derecho (o autoridad) habla?» Podríamos matizar la pregunta, pero la confirmación sería una de las primeras cosas que pediríamos.

La mayoría de las denominaciones ha instaurado sistemas para ordenar o reconocer a los líderes. Se dieron cuenta de que, aunque las personas pueden entrenarse para el liderazgo, sólo Dios llama al mismo. La iglesia actúa como confirmación de esta llamada. Este proceso empieza a menudo cuando alguien asume una posición de líder en una congregación local y sus miembros se dan cuenta de la capacidad para el liderazgo de que da evidencia. El consejo de ancianos y el presidente de la congregación pueden confirmar esta capacidad para el liderazgo cuando la persona en cuestión anuncia su decisión de seguir en el ministerio. Si la denominación tiene un seminario para educar a sus pastores, la escuela confirma la llamada a su vez.

También hace falta que los líderes espirituales sean «confirmados» por los que están fuera de la iglesia. El apóstol Pablo, instruyendo a Timoteo sobre la ordenación, dice al futuro líder: «También conviene que tenga buen testimonio de los extraños, para que no caiga en afrenta y en lazo del diablo» (1 Timoteo 3:7).

La regla de confirmación se aplica a todo tipo de liderazgo. En los negocios, la iglesia y otras situaciones, hace falta que la persona muestre su capacidad para ejercer el liderazgo. Yo me puedo considerar llamado a ser el presidente de una de las grandes compañías, por ejemplo, pero ¿quién me haría caso si me presentara en la oficina central de Nestlé o Shell y dijera: «Estoy aquí para que me hagan presidente»?

Tendría que mostrar mi capacidad, sin duda, empezando por los cargos más humildes. Sería sólo después de este período que, al igual que otros líderes, podría llegar o tener acceso a las posiciones de importancia. Tendría necesidad de iniciativa y habilidad para ascender, y, en cada nivel, una persona o un grupo que confirmara o reconociera mi capacidad.

Sin embargo, hay personas que intentan subir directamente a la presidencia, tanto dentro como fuera de la iglesia. He visto a muchos candidatos, tanto para posiciones ejecutivas como para la ordenación, que insistían vanamente en que tenían las cualidades para ejercer lo que pretendían. Un candidato al ministerio, cuando supo el dictamen negativo del comité, acusó al comité de «ir contra Dios». El comité estaba compuesto por sus amigos, y todos querían confirmar que lo que él decía era la llamada de Dios. Pero no lo pudieron hacer. Vieron características personales que estaban en conflicto abierto con su deseo.

También he contratado a ejecutivos que llegaron con todos los «requisitos», pero que se mostraron incapaces para el liderazgo. No recibieron la confirmación de los demás. Con el tiempo, he aprendido a reconocer a este tipo de candidatos: el primer signo viene cuando afirma que salvará la organización, que la organización está falta de alguien de su capacidad para hacerla salir adelante. Estos indicios dejan ver que la persona no es un líder confirmado y validado.

Así que llegamos al primer principio de liderazgo que aprendemos de la vida de Jesús.

PRINCIPIO 1:

JESÚS RECIBIÓ CONFIRMACIÓN ANTES DE EJERCER LIDERAZGO. A NOSOTROS NOS ES NECESARIO LO MISMO

CAPÍTULO DOS

RECONOCIENDO A LOS QUE NOS PRECEDIERON

Durante un banquete de celebración, el artista que recibió el primer premio pasó varios minutos dando las gracias a las personas que le habían ayudado —sus profesores, la familia, amigos, y los catorce miembros del grupo de artistas que trabajaban con él—.

Cuando el ganador del segundo premio llegó al estrado para recibir el trofeo, hizo un discurso muy breve: «Quiero agradecerles por haberme ofrecido este premio. También quiero decirles que lo hice yo mismo.»

El ganador del segundo premio lo dijo en plan humorístico; pero sus palabras nos hacen pensar en muchos de los que están en posiciones de liderazgo hoy en día. Si los resultados son buenos, se atribuyen el mérito. Aunque no lo digan explícitamente, están pensando: «*Todo esto lo hice yo mismo.*»

Pero se equivocan. Ninguno de nosotros hace nunca nada solo. Todos hemos recibido la influencia o ayuda de otros.

19

Los gigantes del pasado

Sir Isaac Newton dijo: «Si he podido ver más allá que otros hombres, es porque estoy encaramado sobre los hombros de gigantes.» Reconoció así a los que le abrieron el paso. Mereció el título de «Padre de la física», pero no lo hizo solo.

Siempre me acordaré de algo que me dijo uno de mis profesores. Al investigar, me dijo: «Sigue investigando hasta que reconozcas los dos o tres nombres que son mencionados con frecuencia. Éstas son las personas que han sentado las bases del campo que se investiga. Los demás, han seguido investigando a partir de estas bases o en oposición a las mismas. Pero incluso la oposición tuvo que reconocer a estos hombres básicos.

Ésta es una característica del buen liderazgo. Admite sus logros de manera franca y sincera, y reconoce: «No lo hubiera podido hacer solo.»

Mis reconocimientos

Yo, por ejemplo, tengo un doctorado. Para poder conseguirlo recibí la ayuda de muchas personas. Primero, debo mi fe cristiana a la educación de mi madre, que oró por mí y me enseñó a hacer lo mismo.

A los veintiún años emigré de Egipto a Sydney (Australia). Sólo conocía un matrimonio en Sydney, y sólo por referencia. Pero tenía una carta de presentación al rector anglicano D. W. B. Robinson, que más tarde llegó a ser arzobispo de Sydney. Fue mediante el estímulo y la ayuda del arzobispo Robinson que logré superar las dificultades que suponía no poderme expresar de manera adecuada en inglés. De hecho, sin su estímulo, no habría podido estudiar en el Seminario Teológico Moore.

Más tarde conocí a John Haggai, que tuvo confianza en mí. Me confió la posición de líder del Instituto Haggai, con ministerio mundial y oficinas en seis continentes. Este trabajo me dio lo que parecían ser cincuenta años de experiencia —en ocho años—. Con la ayuda de Dios pude dirigir esta organización, estudiar para conseguir mi doctorado y escribir libros, todo al mismo tiempo.

A la vez, tuve mi cónyuge: mi amada esposa Elizabeth, que durante todo este tiempo me alentó con su amor. Se hizo cargo de la educación de nuestros cuatro hijos mientras yo viajaba o me quedaba tarde para estudiar.

Al estar sobre los hombros de estos «gigantes», me sentía capaz de emprenderlo todo. Debo lo que soy a estas cuatro personas y a los muchos otros que me ayudaron en el camino. No podría olvidarme o negar su influencia en mi vida y ministerio.

Precursores bíblicos

Jesús dijo a sus discípulos que los campos estaban maduros para la cosecha, utilizando ésta como símbolo de la maduración espiritual. Añadió:

> «Y el que siega recibe salario y allega fruto para la vida eterna, para que el que siembra goce al igual que el que siega. Porque en esto es el dicho verdadero: Que uno es el que siembra y otro es el que siega. Yo os he enviado a segar lo que vosotros no labrasteis; otros labraron, y vosotros habeis entrado en sus labores» (Juan 4:36-38).

Jesús quería que sus discípulos supieran que tenían que reconocer con gratitud a los que laboraron con anterioridad. Podría haberles recordado que la misma tierra que estaban pisando había sido conquistada por Josué y los israelitas fieles. Podría haberles recordado a los rabinos y a los otros líderes que mantenían la fe judía y enseñaban al pueblo.

Cuando el apóstol Pablo escribió a los corintios, pensaba en esta misma idea. Los corintios habían empezado a enaltecer a los líderes que querían y a seguirlos.

> «¿Qué pues, es, Pablo? Y ¿qué es Apolos?; ministros por los cuales habéis creído; y eso según lo que a cada uno ha

concedido el Señor. Yo planté, Apolos regó; mas Dios ha dado el crecimiento. Y el que planta y el que riega son una misma cosa, aunque cada uno reciba su recompensa conforme a su labor. Porque nosotros, coadjutores somos de Dios; y vosotros, labranza de Dios sois, edificio de Dios sois» (1 Corintios 3:5-9).

Jesús empezó su ministerio después que Juan el Bautista hubo preparado el camino. Pedro llegó a conocer a Jesús por medio de su hermano Andrés, el cual le invitó a seguir al Señor. Y el libro de Hechos deja implícito que el martirio de Esteban influyó de manera decisiva sobre san Pablo, hecho que preparó el camino para su conversión.

Interdependencia

¿Por qué es que Jesús, después de haber enseñado a sus discípulos, los envió de dos en dos? (Lucas 10:1). Es evidente que la compañía de una segunda persona siempre da ánimos a un viajero en lugar extraño. Pero me pregunto si Jesús tenía otro motivo adicional.

¿No podría Pedro haber regresado diciendo: «Mirad lo que he hecho», después de haber visitado una ciudad solo. ¿No parece probable que Jesús quisiera que sus discípulos vieran desde el principio hasta qué punto dependían el uno del otro —y del Señor—? Podría haber querido prepararlos de esta manera para que pudieran entender la idea de «un cuerpo en Cristo». Más tarde, los escritos de Pablo harían que la iglesia volviera una y otra vez a este concepto (Romanos 12:3-8; 1 Corintios 12:12).

Jesús mismo podría haberse atribuido el mérito de todo lo que pasó desde la Creación. Pero reconoció las reglas de los fieles, y señaló a Abraham como el padre de la nación hebrea (Juan 8:53).

Si uno de nosotros hubiera venido como Salvador del mundo, muy probablemente habría hecho algo para desacreditar a los que le precedieron. Por ejemplo, habría dicho algo como: «Moisés era un hombre digno, de acuerdo; pero se enojó y desobedeció. Dios tuvo que castigarle. Abraham hizo muchas cosas buenas, pero tuvo momentos débiles. ¡Fíjense que temió tanto al Faraón que dijo que Sara era su hermana! Pero yo soy todo lo contrario...»

Cómo mostrar reconocimiento a los demás

Si queremos seguir a Jesucristo como líderes, debemos reconocer a los demás, como lo hizo Cristo. Puede que los siguientes puntos sean de ayuda:

1. *Cada don procede de Dios.* Juan el Bautista lo expresó perfectamente: «No puede el hombre recibir algo, si no le fuera dado del cielo» (Juan 3:27). Él sabía que no se enviaba a sí mismo como precursor del Señor: Dios le había capacitado para esta tarea. El reconocer que nuestro talento para líderes viene sólo porque Dios nos lo dio, nos hace ser humildes.

Cuando el apóstol Pablo escribió sobre los dones espirituales (1 Corintios 12), utilizó el mismo principio. No importan los dones que tuvieran los corintios, todos venían de Dios. Ellos mismos no habían ideado estos dones, no se los habían otorgado.

2. *No hicimos nada para merecer nuestro don como líderes.* No se puede merecer un don. Es cuestión de gracia, no de mérito, el que a uno le sea otorgada la habilidad de dirigir.

3. *Este don no nos da ninguna razón para enorgullecernos.* Dios da a una persona el don del liderazgo; a otra, el talento de reconocer y obedecer a los buenos líderes. Hay personas dotadas artísticamente; otras que son buenos oradores; otras que profundizan más intelectualmente que sus prójimos. Pero nadie tiene motivo de enorgullecerse de haber recibido su don específico.

4. *Debemos reconocer a los que nos ayudaron a incrementar nuestro don.* Los atletas olímpicos tienen un don extraordinario, pero esto no les basta. Necesitan ayuda, instrucción y supervisión. Un levantador de pesas necesita un entrenador para que le enseñe la manera de respirar correctamente; un esprinter necesita que

se le diga cómo poner los dedos de los pies de la manera más apropiada para ir ganando segundos.

Los líderes siguen esta pauta. Yo sabía que necesitaba ayuda. Alguien vio en mí una brizna de aptitud para el liderazgo y lo estimuló; otros me enseñaron lecciones fundamentales.

5. *Debemos dar gracias a Dios por nuestros dones*. uesto que sé que mi capacidad para dirigir no viene de mí mismo, puedo recapacitar y dar gracias a Dios por haberme hecho de la manera que me hizo.

Un amigo escritor hace del reconocimiento de sus dones parte de sus oraciones. Dice algo así: «Gracias, Señor, por haberme hecho escritor. Ayúdame a que sea el mejor escritor que pueda, con el talento que me has dado.»

Este amigo sabe que tiene que trabajar para mejorar su talento. A lo largo de su juventud leyó todo lo que pudo para poder llegar a distinguir lo bueno de lo malo y el estilo superior del inferior. Cuando empezó a escribir, se apoyó en los mejores ejemplos que había visto, a través de los años, en su lectura asidua de los clásicos.

Con esta actitud da crédito a Dios, quien le dio el talento principal, y a los gigantes sobre cuyos hombros se encuentra.

PRINCIPIO 2:

LOS LÍDERES RECONOCEN A LOS GIGANTES QUE LES PRECEDIERON

---

2 Parte

LAS CARACTERÍSTICAS DEL LIDERAZGO

CAPÍTULO TRES

EL LÍDER COMO PASTOR

Acababa de almorzar con Bob Guyton, el ejecutivo principal de un gran banco. Al salir del comedor de los ejecutivos, pasamos por varias oficinas. El banquero se detuvo para dar los buenos días a la recepcionista, preguntándole por su marido, que sabía había estado hospitalizado. Cuando salió del ascensor saludó familiarmente, llamándoles por su nombre, a dos empleados que estaban esperando allí, delante de la puerta. Saludó del mismo modo al guarda, y le preguntó por su esposa, mencionando también su nombre.

En aquel banco enorme trabajaban decenas de personas, pero aquel ejecutivo principal sabía cómo se llamaba cada uno. Salí asombrado, no tanto por la buena memoria del ejecutivo, como por el hecho de conocer el nombre de cada uno de sus empleados. Conocía no sólo a los otros ejecutivos, sino también a aquellos subordinados sin importancia. Por sus comentarios, pude ver que sabía más que los nombres de cada uno; los conocía también como personas, como individuos con características y personalidades distintas.

Recuerdo haber pensado, en aquellos momentos, que Bob era una especie de «buen pastor». Jesús dijo:

«Yo soy el buen pastor; y conozco a mis ovejas, y las mías me conocen. Como el Padre me conoce y yo conozco al Padre; y pongo mi vida por las ovejas» (Juan 10:14-15).

Conociendo a las ovejas

Aquel ejecutivo atareado conocía a sus «ovejas». Mostró que se preocupaba de ellos y de sus familias. Yo hacía mucho tiempo que conocía su capacidad como hombre de negocios, pero este incidente me llevó a considerar su persona de modo muy distinto.

Como contraste, otro incidente me mostró un tipo distinto de «pastor». Un domingo me hallaba al lado del pastor al terminar el culto en una iglesia prestigiosa. Este pastor daba la mano a cada uno de los miembros, saludándoles alegremente con una sonrisa franca y un: «Buenos días, ¿cómo está?»

Más de una docena de veces el pastor respondió: «Muy bien, muy bien», antes de que la persona pudiera contestar a su pregunta. Inmediatamente ofrecía la mano al siguiente en la fila, con la misma sonrisa y el mismo saludo. Al llegar a una anciana, el pastor dijo: «Deseo que esté bien hoy.» La ancianita respondió con una cara triste: «Mi marido se puso enfermo durante la noche del jueves, y al final tuve que llamar a una ambulancia. Todavía está en la sección de cuidados intesivos en el...».

«Ah, estoy contento de poder verla esta mañana», respondió el pastor; «es un gozo poder tenerla en el culto». Y ya estaba saludando a la siguiente persona de la fila.

Me costaba creer lo que acababa de oír. Me quedé desconcertado, puesto que el pastor no había escuchado, y disgustado de que hubiera actuado de aquella manera tan insensible. Traté de hacer lo que pude para remediar la situación, aunque como invitado no podía hacer mucho. «¿Cómo se llama su marido?», le pregunté a la anciana; «quisiera orar por él cada día de la semana próxima».

28

No quiero actuar como juez de aquel pastor. Me hago cargo de que con una membresía de más de 2.000 personas, con personal a su disposición cargado de un trabajo excesivo, y su propia tarea personal, es muy probable que no conociera a cada persona de la cola que esperaba para saludarle. Podría haber estado preocupado por problemas personales aquel día, o por alguna entrevista o suceso que iba a tener lugar más tarde. Pero salí de la iglesia con una impresión muy diferente de la que tenía cuando estuve con el banquero.

El banquero conocía a sus ovejas. El pastor —y pastor significa pastor de ovejas— no conocía a las suyas. Es más, me pareció que no le preocupaba mucho el conocerlas o no.

Cuando Jesús hablaba de su relación con sus ovejas, dio la impresión de saber mucho más que simplemente su nombre. Para Jesús, conocer las ovejas significaba amarlas.

¿Pastores sin amor?

Los corazones sin amor no pueden conocer a las ovejas. Los pastores sin amor consideran a las ovejas como números en un registro, nombres en un libro, personas en una nómina, estadísticas de que jactarse.

Este tipo de pastores podría hablar de sus ovejas de la manera siguiente:

- «Hemos tenido un aumento del veinte por ciento de la membresía este año».
- «Tenemos más empleados y hacemos más del doble de negocios que nuestro competidor más próximo».
- «Encuestas recientes revelan que el 83 % de todos los canadienses conoce nuestro producto».

Vivimos en una sociedad que pone el énfasis máximo en los números. La programación televisiva se juzga según el número de videntes; la gente juzga los méritos de una iglesia local por su tamaño; una compañía tiene éxito si el informe anual muestra un aumento sobre el del año anterior.

Como resultado, la calidad de los programas televisivos tiene poca importancia para decidir lo que se va a emitir. Y en cuanto a la iglesia, la enseñanza, comunidad y culto, retroceden ante la importancia prioritaria dada a los números totales de la membresía. Asimismo, la compañía pone menos énfasis en los productos y servicio postventa, y se dedica a multiplicar los beneficios.

El estilo de Jesús

Las estadísticas no cuadran con el estilo de liderazgo de Jesús. Él conoce a sus ovejas de manera íntima. Su amor a las ovejas no es una idea abstracta, ni se puede reemplazar con clisés como «Amo a mi pueblo». Su amor por las ovejas es global y a la vez personalizado: Conoce al rebaño porque conoce cada miembro del mismo.

¿Cómo conocen a Jesús sus ovejas? No al azar, no sólo por el intelecto, no por entender verdades sobre su liderazgo, sino al sentir el amor del Pastor que se dirige hacia ellos. Como oveja puedo dudar y temer, pero cuando veo al Líder, el Pastor, mis temores y dudas se desvanecen. Responde al cariño y cuidado del Pastor.

Consideremos a los pastores y ovejas del tiempo de Jesús. Los pastores de Palestina anteponían la seguridad de sus ovejas a la propia: En el Antiguo Testamento, por ejemplo, vemos que David luchó con un león y lo mató solo, con las manos, porque la fiera intentaba atacar a sus ovejas. Al comprender este apego profundo de los pastores a su rebaño, entendemos la metáfora que Jesús utilizó al llamarse Pastor.

El Buen Pastor pone las necesidades de sus ovejas ante todo, hasta el extremo de dar su vida por ellas. Jesús cita a Zacarías 13:7 cuando predice su muerte a sus discípulos. Dijo: «Todos vosotros seréis escandali-

30

zados en mí esta noche, porque escrito está: Heriré al pastor, y las ovejas de la manada serán dispersas» (Mateo 26:31). En realidad, el golpe que acusó el Buen Pastor garantizó la seguridad de sus ovejas. Entregó su vida por los suyos.

Esto nos lleva a otro principio que describe el estilo de liderazgo de Jesús:

PRINCIPIO 3:

EL BUEN PASTOR CONOCE A SUS OVEJAS; EL BUEN LÍDER CONOCE A SUS SEGUIDORES

Si esto nos suena un poco extraño, será debido probablemente a que la mayoría pensamos en un líder como la persona que hay al frente, el gobernante responsable, el general supremo, todos ellos apartados de sus seguidores. Ponerse al frente es un aspecto de liderazgo, pero los pastores verdaderos son asimismo abnegados y se entregan a sí mismos.

Jesucristo requiere que los líderes sirvan, aunque la mayoría de nosotros preferimos guiar y dejar que las ovejas nos sigan, si lo quieren hacer. Mientras que Él nos llama servidores, nosotros preferimos dar órdenes.

Los pastores siguen adelante

Los pastores avisados se dirigen siempre hacia prados más verdes y mejores oportunidades. Guían a las ovejas hacia las aguas tranquilas, donde la turbulencia, presiones y facciones no dividen ni alborotan. Pero no todos los pastores guían sabiamente.

Tomemos por caso una de las cadenas de tiendas al detalle más grande de los Estados Unidos. Al princi-

31

pio, estaba casi delante de todas en importancia, pero no se mantuvo al corriente de los tiempos. Los dirigentes de su competidor principal hicieron un estudio detallado del incremento y de la capacidad adquisitiva de sus clientes al pasar el tiempo, y adaptaron sus tiendas a las necesidades de los mismos. Esta segunda cadena se ha mantenido fuerte, incluso con una diversificación de sus actividades; ahora se dedica a las inversiones bancarias, inmobiliarias y de seguros, y en todas ellas tiene éxito.

Los líderes de esta cadena lograron triunfar al estar «al corriente». En la jerga del negocio esto significa estar a la altura de la época, ser buen conocedor, sensible a los cambios y a las necesidades de las personas.

Cuando el verdadero pastor cuida a su rebaño está a la vez al corriente y con nosotros. Uno de los nombres de Jesús es Emanuel, que significa «el Señor con nosotros». Esto nos recuerda que mientras Él nos guíe, nunca nos dejará ni nos abandonará, por difícil que sea el camino que emprendamos.

La tarea verdadera de los líderes de hoy es combinar estas características. Nos hace falta este «toque» de intimidad, a la vez que decimos: «Seguimos adelante.»

Las últimas palabras de Jesús a sus seguidores incluyen estas dos características. Se despidió de ellos diciendo: «Por tanto, id, y haced discípulos a todas las naciones, bautizándolas en el nombre del Padre, y del Hijo, y del Espíritu Santo; enseñándoles que guarden todas las cosas que os he mandado; y he aquí, yo estoy con vosotros todos los días, hasta el fin del mundo.» Ellos iban a seguir adelante y Él los acompañaría.

El riesgo de seguir adelante

Jesús tenía un plan de acción. No había querido nunca que sus seguidores se quedaran juntos, acurrucados en un grupito en Jerusalén. Sin embargo, o bien no entendieron su gran comisión, o no querían obedecerla de modo inmediato. Tal como explica el libro de

Hechos, los discípulos se quedaron por los alrededores de Jerusalén. Quizá se hubieran contentado con quedarse allí siempre, pero el Buen Pastor no iba a permitir que su rebaño languideciera en un rincón de Palestina. Lucas dice: «Y en aquel día se hizo una grande persecución en la iglesia que estaba en Jerusalén, y todos fueron esparcidos por las tierras de Judea y de Samaria» (Hechos 8:1).

Es posible que los discípulos no se habrían movido de donde estaban, con todos los riesgos implicados en la mudanza, si Jesucristo no hubiera permitido la persecución. Una vez empezaron a viajar, las Buenas Nuevas llegaron a oírse por todo el mundo civilizado. En el año 325 d. de C., el cristianismo había llegado a ser la religión oficial del Imperio Romano.

Aplicando este ejemplo al mundo del negocio o de la iglesia, podemos ver que el estilo de liderazgo de Jesús implica tomar riesgos. El líder está delante de sus seguidores, empleados, accionistas, miembros de iglesia, y ve las posibilidades de una nueva idea. Dice: «Vamos a ponerla en práctica.»

El pastor visionario

Durante la década de los 70, un joven corredor farmacéutico que se llamaba Stan trabajaba con médicos y hospitales para organizar cursillos sobre la salud para el público en general. Más tarde, la idea de Stan se hizo una práctica generalizada en la mayoría de los hospitales norteamericanos.

Pero Stan tenía otra idea: la medicina preventiva. Concibió un plan brillante en que las corporaciones estimularían a sus empleados a evitar la enfermedad. Su investigación reveló que muchos empleados perdían un número significativo de días de trabajo por año, con la consiguiente disminución productiva. Sin embargo, muchos de estos días perdidos podían evitarse.

Su programa era flexible y estimulaba a los participantes a perder peso y hacer ejercicio. Implicaría una inversión importante por parte de las corporaciones, pero, a la larga, saldrían beneficiándose.

Stan habló de su idea a más de 700 corporaciones. Pero ni una sola quiso tomar el riesgo. Todas se excusaron alegando que la participación en el plan no sería beneficiosa. Sin embargo, a pesar de los escollos encontrados en el camino, la medicina preventiva llegó a ser moneda corriente en las grandes corporaciones a mediados de los 80.

Los líderes visionarios se enfrentan con frecuencia con el dilema de Stan. Tienen la capacidad de ver más allá: de ver cosas que las «ovejas» mismas no pueden ver. Predicen los recodos y los desvíos en el camino, y las dificultades al paso. A veces tienen que seguir adelante tanto si los otros ven el porqué como si no. El versículo crucial del Evangelio de Lucas dice: «Y aconteció que, como se cumplió el tiempo en que había de ser recibido arriba, Él afirmó su rostro para ir a Jerusalén» (Lucas 9:51). Como los versículos siguientes dejan ver, los discípulos no lo entendían. Los discípulos estaban ocupados pensando en el castigo de fuego que abrasaría una aldea. Jesús estaba mirando más allá, hacia el Calvario.

Aunque los líderes necesitan estas características visionarias, tienen que procurar no caminar demasiado adelante. Los pastores, aun «los visionarios», tienen que tener, ante todo, el bienestar de su grey en el corazón. No hay nada más horrible que oír a los miembros de una iglesia decir de su pastor visionario, pero demasiado emprendedor: «Está construyendo un pequeño reino propio.»

La construcción de reinos propios es peligrosa. Una de las compañías que primero se dedicó a la construcción de ordenadores cayó en bancarrota a causa de haberse sobreextendido. Uno de los representantes de ventas dijo más tarde: «El presidente (y fundador) quiso que su compañía fuera la mayor, pero no la mejor. No le importaba que un empleado se fuera, porque pensaba que siempre podía contratar a otro que le reemplazaría.»

El pastorazgo equilibrado

En todos los campos en que nos podamos encontrar como líderes, necesitamos mostrar la característica de estar con nuestros compañeros, empleados, miembros o familiares, de manera que sientan que nos preocupamos de ellos. No podemos ser amigos de todo el mundo, pero podemos ser asequibles y estar abiertos a las necesidades de los otros.

El presidente de una gran cadena de restaurantes ha establecido el método de «la puerta abierta». «Cualquiera de la compañía puede entrar a verle en todo momento», afirma, y sus empleados lo saben. Es un hombre ocupado, pero no tanto que deje de escuchar. ¡En un ramo del negocio en que el cambio de personal ejecutivo alcanza el 50 % anualmente, su compañía tiene menos del 5 %!

Pero los líderes fieles llegan a equilibrar sus relaciones con los otros de manera que sus seguidores sigan adelante. La mayoría de las personas quieren descansar, quedarse cómodas en el sitio donde están. Una vez llegan a acostumbrarse a un estilo de vida, se muestran reacias a probar y luchar por cosas nuevas. El líder efectivo está constantemente impulsando: «¡Adelante! ¡En marcha!»

Jesús sabía cómo mantener este equilibrio. Por un lado prometió a sus discípulos que gozarían de la presencia y consuelo del Espíritu Santo. Pero a la vez les hizo volver los ojos más allá de las ciudades del Oriente Medio para que abarcaran el mundo entero. Lucas escribió las palabras que dejan ver los dos principios:

> «Mas recibiréis la virtud del Espíritu Santo que vendrá sobre vosotros, y me seréis testigos en Jerusalén y en toda Judea y Samaria, y hasta lo último de la tierra» (Hechos 1:8).

¿Qué hace el buen pastor?

Habiendo crecido en el Oriente Medio, tuve la oportunidad de observar la relación entrañable que existe entre las ovejas y su pastor. En la sociedad occidental estamos algo alejados de estas prácticas y, desde luego, las inmensas manadas de animales dirigidas por medios mecanizados no nos dejan ver la fuerza explicativa de la figura pastor-oveja que Jesús utilizó para ilustrar su estilo de liderazgo.

La recompensa del pastor está en ver que sus ovejas están satisfechas, apacibles, bien nutridas y seguras. Sus esfuerzos no van dirigidos a su propio bienestar, sino a proveer a las ovejas del mejor pasto, asegurarles el abrigo de las tempestades invernales y la provisión de agua clara. Los buenos pastores hacen todo lo que está a su alcance en su búsqueda de abrigo para el rebaño, en caso de tempestad. Están continuamente alerta contra los enemigos, enfermedades y parásitos que tanto abundan.

Del amanecer al anochecer los buenos pastores se dedican a procurar el bienestar de su manada. No disminuyen la vigilancia por la noche: duermen con un ojo entreabierto y los oídos a la escucha, siempre prontos a saltar para proteger a sus ovejas al asomo del menor problema.

Cuando Jesús afirma ser el Buen Pastor, no afirma ser uno entre los líderes. Muchos de los líderes religiosos de su época se otorgaban el título de pastores de Israel, pero Jesús vio su hipocresía, egocentrismo y la incapacidad de dirigir y proteger a su rebaño. Jesús dijo, en efecto: «Soy el Pastor *por excelencia.*»

«Bajo mi liderazgo», dice Jesús, «encontraréis abrigo, compañía y sostén». Toda la responsabilidad está sobre sus anchos hombros y en la ternura de su corazón. No hay altivez ni frialdad. La respuesta a nuestras preguntas no vendrá de un subalterno. Él es el Buen Pastor. Su liderazgo implica el amor a sus ovejas.

CAPÍTULO CUATRO

VALOR

Los seguidores de Mahoma se cuentan a millones por el mundo entero, y el Islam tiene uno de los porcentajes de incremento más altos de todas las religiones. Sin embargo, al principio, tenía pocos seguidores. Casi nadie escuchaba a Mahoma. En sus escritos derramaba el corazón describiendo lo feliz que sería si pudiera encontrar a alguien que creyera en él. Prometió y multiplicó las bendiciones sobre los primeros convertidos que le creyeron y le siguieron.

Muchos han sido los líderes, tanto religiosos como seculares, que se han mostrado dispuestos a «sobornar» a sus primeros seguidores. Por «soborno» quiero decir que les prometieran bendiciones, favores o el sentimiento de ser algo aparte y especial. Es una manera bien frecuente de empezar un movimiento, negocio u otra actividad. Los líderes trabajan duro por conseguir los primeros seguidores e imbuirles de entusiasmo para que el movimiento se propague y crezca solo.

Por contraste, Jesús no hizo ninguna gran promesa al empezar su ministerio. Todo lo que la Biblia menciona que dijo cuando reclutaba es: «Sígueme» (Juan 1:43).

Es más, Jesús no iba detrás de las personas de influencia para promover su causa. Juan da cuenta de la historia de Nicodemo, que fue a visitar a Jesús de noche. Dice que Nicodemo era «un hombre de los fariseos... príncipe de los judíos» (Juan 3:1). Podemos inferir de estas palabras que Nicodemo pertenecía a la jerarquía judía. Esta mención a los fariseos, un partido religioso conservador cuyo nombre significa «los apartados», nos dice que el que visitaba a Jesús no era miembro del pueblo llano.

¡Pensad en lo halagador que habría resultado si Nicodemo hubiera sido uno de los primeros convertidos! Jesús podría haber declarado: «Tengo discípulos entre los más encumbrados.» ¿No es extraño que Jesús no ofreciera a Nicodemo una acogida más calurosa que a los demás? No le ofreció ni alicientes ni promesas: le saludó sin una palabra de alabanza o de reconocimiento del estado privilegiado de Nicodemo.

Jesús escuchó las palabras halagadoras de Nicodemo: «Rabí, sabemos que has venido de Dios por maestro; porque nadie puede hacer estas señales que tú haces, si no fuere Dios con él» (Juan 3:2).

Cuando Nicodemo acabó, Jesús no le dijo: «Estás en lo cierto. Sigue haciendo lo que haces lo mejor que puedas.» La presencia de este líder entre los judíos no intimidó al Señor. No dijo lo que muchos líderes cristianos dicen hoy día cuando hablan a los no cristianos, en particular a los que profesan ser budistas, hindúes o musulmanes: «Tenéis parte de la verdad, y nosotros tenemos parte de la verdad, y todos luchamos juntos.»

Jesús respondió de manera directa a aquel líder religioso al decirle: «Tienes que nacer de nuevo.» No dijo a Nicodemo las palabras que éste quería escuchar; no le agradeció el que fuera a escucharle, no procuró que se reuniera con los otros discípulos. En vez de esto, actuó en disconformidad con todas las reglas del buen mercader, al confrontar a Nicodemo con los requerimientos espirituales.

Sin componendas

Según los estándares de muchos líderes de hoy, Jesús hizo una de las mayores equivocaciones posibles cuando hablaba con Nicodemo. Todos los cursos de comercio ponen énfasis en que el vendedor tiene que ganar la confianza del comprador de manera *inmediata*. Se les dice a los vendedores que halaguen o que comenten los aspectos positivos de lo que están tratando de vender. Necesitan mostrarse amables y flexibles. Sobre todo, tienen que mantener la sonrisa en la boca.

Muchos líderes, cuando consiguen codearse con los encumbrados y poderosos de este mundo, tienden a diluir sus convicciones —o, al menos, enunciarlas de la manera más positiva y aceptable posible—. No quieren ofender a la gente, sobre todo en un primer encuentro. Jesús no siguió estas reglas.

Nicodemo, por la forma en que vino a ver a Jesús, dejó ver claro que un hombre de su posición se avergonzaba de verse en público con este nuevo rabino envuelto en controversia llamado Jesús. El fariseo se acercó a Jesús de manera condescendiente, como si su visita le protegiera. Nicodemo deja ver de esta manera a muchos de nuestra sociedad que piensan que otorgan al cristianismo un gran honor al decir: «Nosotros, los intelectuales, vates de la literatura; nosotros, los árbitros del buen gusto; nosotros, los guías de la opinión pública; nosotros, los redactores y editores de periódicos, revistas y libros; nosotros, los comentadores y presentadores televisivos; nosotros, los líderes de los movimiento sociales y filantrópicos, nosotros reconocemos que Jesús era un gran predicador.»

Pero, por más condescendiente que fuera la actitud de Nicodemo, la forma inadecuada en que juzgó a Jesús no hizo cambiar el enfoque franco y «abierto a todos» del Señor. Tampoco nostros debemos permitir que la actitud condescendiente de la sociedad nos haga reaccionar de manera altiva y acrimoniosa.

¿Cómo logró Jesús enfrentarse a Nicodemo con decisión sin dejar de amarle? Examinemos detenidamente el estilo de liderazgo que Jesús reveló aquella noche.

Como rabino joven de Nazaret que no tenía títulos de las autoridades religiosas, se le presentaba a Jesús una oportunidad excelente para procurarse la entrada en los círculos del mismo Sanedrín.

No podría haber nada más agradable para un joven líder espiritual que el reconocimiento temprano, por parte de hombres de sabiduría e influencia, de que Él era un mensajero de Dios. Puede que no hubiera tenido que preocuparse tanto de este reconocimiento en los años posteriores de su ministerio, pero al principio del mismo era importante.

Jesús podría haberse sentido halagado. Podría haber dicho: «Es un honor que me haya venido a visitar», o «Es un privilegio recibirle», o «Me alegro que se haya dado cuenta que vengo de Dios». Todo esto habría sido deseable si al joven rabino le hubiera interesado sólo el reconocimiento de los demás.

Al hablar en la manera que lo hizo, Jesús se mostró valiente, audaz y compasivo. No tomó una posición en contra del establecimiento, ni se burló de Nicodemo. Hay líderes que construyen sus imperios por medio de sorna, mofa, amonestaciones, sarcasmo o enojo encubierto: Jesús no se valió de ninguno de estos medios.

El estilo de liderazgo de Jesús se muestra adaptado a las necesidades de la situación. Cuando vio las multitudes agolpándose en el templo, Jesús dudó y manifestó de manera evidente su enojo contra los cambistas que profanaban la casa de Dios. Pero ahora obró con calma. En el silencio de la noche, no dudó en entablar una discusión intelectual a fondo con Nicodemo, procediendo con paciencia.

No hace mucho vi una discusión televisiva entre un líder cristiano y un llamado humanista. Me entristeció que el líder cristiano se esforzara más en lograr el beneplácito del auditorio que en presentar los principios de Cristo. Cuanto más aumentaron las interrupciones del auditorio, tanto más se diluyó el mensaje del líder cristiano.

Nuestra sociedad secular da la bienvenida con brazos abiertos a la parte de la iglesia cristiana que abarca todos los matices diferentes de creencia. Nuestra cultura hace suyos a los miembros de iglesia que no exigen mucho moralmente. Nuestro mundo quiere recibir un cristianismo flojo y amorfo, que ve a Dios en todo y todo en Dios. Pero el estilo de liderazgo de Jesús no era así.

El estilo de liderazgo de Cristo pide valentía, para así decir la verdad con amor. Hay una gran diferencia entre amor y mostrarse acomodaticio.

Si algo aprendemos del estilo de liderazgo de Jesús, que sea que la verdad se antepone a todo lo demás. Jesús nunca utilizó artimañas para «vender» su producto. De hecho, a veces desalentó a los que se mostraron interesados en seguirle, al señalar la aspereza y severidad del discipulado. No quería que nadie aceptara la fe sin saber las implicaciones futuras de la aceptación del discipulado.

El coste de la osadía

Una amiga mía trabajó veinte años como recepcionista y taquillera para una de las compañías aéreas más grandes del mundo. En el curso de los últimos dos años de trabajo en esta compañía entró en conflicto con sus jefes tres veces a causa de su franqueza e integridad.

Sus superiores se enteraron de que Bárbara daba información completa sobre los vuelos y su precio a los que la llamaban. Si la persona necesitaba tomar un vuelo a una hora precisa y su línea no tenía este vuelo, buscaba incluso otra compañía que lo tuviera. Una vez, hasta dijo a un cliente que tomara el vuelo de otra compañía, puesto que se ahorraría dinero.

Bárbara creyó que debía mostrarse íntegra, aunque quería que su compañía hiciera beneficios. Se arriesgaba a perder el empleo. Pero lo retuvo hasta la jubilación porque la compañía recibió cartas de sus clientes. Todos los clientes alababan la conducta sorprendente de Bárbara. Una carta dijo: «Viajo mucho, pero no me habían sugerido nunca tomar el vuelo de otra línea aérea, a menos que lo pidiera específicamente. Bárbara lo hizo libremente. Quiero que sepan que de ahora en adelante son mi línea exclusiva.»

Sin embargo, Bárbara recibió de vez en cuando comentarios negativos de su supervisor. Pero dijo que prefería que estos comentarios quedaran escritos en la ficha que mantenía la compañía de sus empleados, a dejar de ser franca con los clientes. Por desgracia, la compañía no estimuló a los otros empleados a seguir el ejemplo de Bárbara, pero dejaron que Bárbara continuara con su estilo particular, puesto que daba resultado.

Pero, tanto si resulta como si no, el verdadero líder afirma lo que cree. Un líder lo expresó de esta manera: «Si empiezo a ceder en mis principios, en algún aspecto, ¿cuándo podré parar?»

El valor de Cristo

Jesús nunca ordenó a sus seguidores que mostraran gran valentía. No dijo nunca: «¡No cedáis jamás en vuestros principios!» No era necesario. Su ejemplo bastaba.

En el segundo capítulo de Juan, por ejemplo, nuestro Señor se enfrentó con todos los líderes judíos de la época porque habían convertido el lugar de culto en una casa de cambio. Les volcó las mesas y los echó fuera del templo a azotes. Les fustigó de esta manera por sus prácticas inmundas.

Una vez, cuando enseñaba este pasaje, un joven negociante de la clase afirmó: «Siempre he pensado que fue una cosa muy poco acertada. El día siguiente pusieron otra vez las mesas y continuaron haciendo lo que habían hecho el día anterior.»

Antes de que pudiera replicar, una joven ama de casa respondió: «A veces nos vemos obligados a una acción simbólica. Jesús no podía limpiar el templo cada día. Ni lo hizo. Podría haber pasado todo su ministerio volcando las mesas de los cambistas y obligándoles a salir del templo. Pero utilizó esta acción como indicación a toda la nación judía. Con este acto decidido les mostró lo que creía y los principios que sostenía.»

No creo que yo hubiera podido dar mejor respuesta.

No nos hace falta ser moralistas en la sociedad de hoy en día: el mundo está lleno de moralistas. Lo que nos hace falta son líderes que dirijan de manera resuelta. Estamos en necesidad de líderes que conozcan y que digan la verdad. No necesitamos que nos digan lo que nos hace falta hacer: lo que sí necesitamos es la valentía que mostró Cristo para poder hacer lo que ya sabemos que debemos hacer.

Valentía en la batalla

Un líder dijo: «Los líderes escogen sus batallas. No pueden ganarlas todas. Puede que pierdan algunas. Pero son capaces de ganar la guerra.»

El liderazgo es a menudo una batalla, y batallar pide ser valiente. Ser valiente no significa que nunca se haya de temer o temblar; no significa que no se van a tener dudas interiores y uno no va a preguntarse: «Dios, ¿estoy haciendo lo que debo hacer?» Tener valentía significa que se hace lo que es recto, a pesar de las consecuencias.

Martín Lutero, reformador denodado del siglo dieciséis, era un verdadero hombre de valor. Se opuso abiertamente a la Iglesia de la época, al Papa y a los líderes seculares y religiosos. En 1521 compareció ante la Dieta alemana en la ciudad de Worms; aunque se le había prometido un salvoconducto, sabía que arriesgaba la vida al ir. John Hus había recibido la misma garantía un siglo antes, y le habían quemado en la hoguera. Los líderes de la Iglesia habían prometido a Lutero el perdón si se arrepentía de sus «errores» y volvía al seno de la «fe verdadera». Lutero sabía que esta promesa era de poco valor, puesto que las promesas hechas a los herejes no eran obligatorias. También tenía presente la historia de los dos siglos anteriores, en que miles de cristianos sufrieron la tortura, y a veces la muerte, bajo la Inquisición española.

Lutero llegó sin incidentes, pero la corte no le dejó

defender sus creencias. Le presentaron una lista de sus «errores». Aunque sabía que la corte podía decidir si debía vivir o morir, Lutero dijo lo que citamos a continuación cuando le preguntaron si se retractaba:

> «A menos que se me convenza de error de modo evidente por medio del testimonio de la Escritura (ya que no confío en la autoridad del Papa o de los concilios, sin otro apoyo, pues es claro que se han equivocado a menudo y se contradicen con frecuencia), me atengo a las Escrituras a las que he hecho apelación y no puedo retractarme de nada, porque actuar en contra de la conciencia ni es seguro, ni lícito. Ésta es mi posición. No puedo obrar de otra manera. Dios me ayude. Amén» (T. M. Lindsay, *A History of the Reformation*, Charles Scribner's Sons, p. 257).

A través de los siglos, los líderes de Dios han afirmado sus principios. Han mantenido la verdad, la integridad y la virtud en todos los campos de su labor.

La valentía en la práctica

Hace varios años, un líder cristiano en Australia (llamémosle Jim) empezó a trabajar para el Gobierno. Ya en la primera semana su superior le preguntó si quería trabajar horas extraordinarias. Haciéndole falta el dinero, Jim dijo que sí.

La primera noche que trabajó extra, Jim vio que sus compañeros se reunían alrededor de una mesa a jugar a los naipes. Cuando Jim preguntó qué trabajo había que hacer, su jefe respondió: «¡Trabajo! Horas extraordinarias significa sólo apuntar horas extras.»

Jim no se dejó intimidar por sus superiores. Declaró que: «Si nos pagan para trabajar, tenemos que trabajar.» Los otros empleados no sólo tomaron a mal la respuesta de Jim, sino que empezaron a hacerle la vida imposible.

Primeramente, no le dejaron «trabajar» horas extraordinarias. Luego, el jefe le dio exclusivamente los proyectos más difíciles. En la oficina le llamaban el «machacador bíblico» (una palabra australiana despectiva para referirse a los cristianos). «Alelado de Jesús» y «fanático» fueron los apodos que le endosaron posteriormente.

Jim se mantuvo firme. Su jefe le dijo: «Eres un buen chico, pero déjate de fanatismos. Sigue a la gente y conseguirás más dinero.»

«Si me pagan, tengo que trabajar», respondió Jim. «Jugar a las cartas en las horas de trabajo cuando nos dan paga y media no cuadra con mis convicciones cristianas.»

Al final las cosas llegaron a hacerse imposibles y Jim tuvo que marcharse. Antes de salir, el director general del departamento le hizo pasar a su oficina y le dijo que su firmeza había cambiado la actitud de otros trabajadores. Existía el deseo de ser más escrupuloso en los niveles más altos del departamento.

La valentía de Jim había hecho de él un líder. Su negativa a ceder a las prácticas corrientes fue premiada por Dios, quien le ha bendecido generosamente tanto espiritual como económicamente. Dios ha prometido: «Honraré a los que me honran» (1 Samuel 2:30).

El coste de la valentía

Los cristianos que son líderes saben que tomar ciertas posiciones lleva a pérdidas financieras y hasta al desempleo. Los compañeros de trabajo les acusan de no ser leales. Pero los líderes valientes saben que complacer a Dios es lo primero que hay que hacer en la vida.

El apóstol Pablo había pasado por el conflicto de complacer a Dios o ganar la aprobación de los demás. El libro de los Gálatas deja ver esta lucha. Pablo había enseñado a los gálatas el mensaje evangélico de que Dios salva por la fe en Cristo, sin nada más. Después de haber salido de la región de Galacia, surgió un grupo de líderes que dijeron a los miembros de la iglesia que, además de creer en Jesús, tenían que practicar la circuncisión.

Pablo respondió: «En modo alguno.» Sabía que estos hombres enseñaban «otro evangelio» (Gálatas

1:6). Amonestó a la gente a que no escuchara a los judaizantes, y dijo: «Pues, ¿busco ahora el favor de los hombres, o el de Dios? ¿O trato de agradar a los hombres? Pues si todavía agradara a los hombres, no sería siervo de Cristo» (1:10).

Requería valor decir estas palabras. Fueron la causa de muchas controversias: enojaron a mucha gente. Pablo perdió, probablemente, muchos amigos por este debate. Pero afirmó su posición a causa de principios. Podemos dar alabanzas de este hecho hoy día, porque Pablo dejó claro, de una vez por todas, que ser cristiano está basado en la fe en Jesucristo. No podemos «completar» la fe practicando ritos judíos o exigiendo a «Jesús más...»

Hay que fijarse en el coste del liderazgo valeroso. Según las pautas prevalecientes, Pablo podría haber pensado: «Este enfoque puede salirme al revés. Los judaizantes pueden enojarse tanto que se volverán en contra de Jesús. Debo hablarles de modo conciliador.» Pero Pablo, al igual que Jesús, no vivía según los métodos corrientes. Su estilo de liderazgo estaba más allá de todo esto.

Nicodemo: La parte restante de la historia

¿Qué diremos del encuentro de Jesús con Nicodemo que mencionamos hace poco? Mostró valentía pero ¿fue efectivo?

Una mirada al Evangelio de Juan deja ver que Nicodemo intentó, más tarde, defender a Jesús, pero de manera muy poco convincente, al pedir a los líderes religiosos que no le condenaran sin un juicio formal en los tribunales: «Díceles Nicodemo (el que vino a él de noche, el cual era uno de ellos): ¿Juzga nuestra ley a un hombre, si primero no oyere de él, y entendiere lo que ha hecho? Respondieron y dijéronle: ¿Eres tú también galileo? Escudriña y ve que de Galilea nunca se levantó profeta.»

Sin embargo, más tarde, Nicodemo afirmó una posición de verdadera valentía. Después de la crucifixión de Jesús, un hombre rico, José de Arimatea, pidió permiso a Pilato para enterrar al Señor en su propio sepulcro. Aquí viene la mención final de Nicodemo en la Escritura:

«Y vino también Nicodemo, el que antes había venido a Jesús de noche, trayendo un compuesto de mirra y de áloes, como cien libras» (Juan 19:39).

Los dos hombres pusieron el cuerpo de Jesús en el sepulcro. Al hacer esto, Nicodemo declaraba abiertamente su discipulado.

Tuvo que transcurrir mucho tiempo antes de que Nicodemo se afirmara como discípulo de Cristo. Pero cuando vino la cruz y era aún más arriesgado admitir el discipulado, Nicodemo lo afirmó, y con valentía: con la valentía que el liderazgo de Jesús le había mostrado. La valentía parecía fluir en Nicodemo desde la cruz; ayudó a preparar y enterrar el cuerpo de Cristo.

Cuando Nicodemo miró a Jesús en la cruz, recordó, sin duda, aquella noche en Jerusalén en que el Señor había dicho: «Así es necesario que el Hijo del Hombre sea levantado» (Juan 3:14). Quizás este recuerdo fue lo que puso punto final a todas las dudas e incertidumbres que afligían a Nicodemo.

Todo había empezado al mostrar Jesús un estilo de liderazgo valiente, en su trato con Nicodemo. Todo esto forma parte de su estilo de liderazgo.

PRINCIPIO 4:

EN EL SERVICIO DE CRISTO PUEDO TENER VALOR PARA EMPRENDER TODAS LAS BATALLAS DEL LIDERAZGO

CAPÍTULO CINCO

DULZURA Y DELICADEZA

Siempre he admirado la manera en que Jesús hablaba a las personas. Hoy día la consideraríamos como enérgica y positiva a la vez, puesto que sabía cómo expresar lo que pensaba sin humillar a sus oyentes. Tampoco se dejaba arredrar cuando sus adversarios le acosaban. En Juan 8, por ejemplo, los líderes judíos acusaron a Jesús de estar poseído por el demonio. Él respondió: «Yo no tengo demonio, antes honro a mi Padre, y vosotros me habéis deshonrado» (8:49).

Jesús amonestaba a sus discípulos cuando era necesario. En la última noche que pasó con los Doce, tomó agua y una toalla y empezó a lavar los pies de cada uno de los discípulos. Pedro rehusó: «No me lavarás los pies jamás.» Jesús le respondió firmemente: «Si no te lavare, no tendrás parte conmigo» (13:8).

El lado dulce

Sin embargo, otras veces Jesús mostró un carácter dulce. Esto se ve claramente en la historia de la mujer adúltera. Jesús no la acusa de pecado, sino que la perdona. Después de haberse ido los acusadores, Jesús dijo: «Ni yo te condeno; vete, y no peques más» (Juan 8:11).

Al considerar el estilo de liderazgo de Jesús, podemos caer en la tentación de poner tanto énfasis sobre su iniciativa, decisión y visión que le impulsaban irrevocablemente hacia su destino, que descuidamos su dulzura y delicadeza. Ésta es, precisamente, una característica importante del liderazgo que Jesús ejemplifica perfectamente.

Cuando nuestro Señor se encontraba con los que tramaban contra Él, podía encararse con ellos y defender su posición. Pero con el pueblo sencillo —gente llena de necesidades— su dulzura aparecía en primer plano.

En uno de los pasajes más conmovedores del Nuevo Testamento se nos dice que Jesús y sus discípulos fueron seguidos por las multitudes y necesitaban descansar. Entraron en una barca y remaron para poder alejarse de la gente:

> «Y los vieron ir muchos, y le conocieron; y concurrieron allá muchos, a pie, de las ciudades, y llegaron antes que ellos, y se juntaron a Él. Y saliendo Jesús, vio grande multitud, y tuvo compasión de ellos, porque eran como ovejas que no tenían pastor, y les comenzó a enseñar muchas cosas» (Marcos 6:33-34).

Ser manso no significa ser débil

En nuestra cultura tendemos a considerar que ser *dulce, humilde* y *manso* significa ser *débil*. De hecho, estas características denotan más fuerza de carácter y dominio propio que la «fuerza» que nos permite fustigar verbalmente o argumentar sagazmente a nuestros adversarios.

Los traductores del Nuevo Testamento no siempre han sido consecuentes en la traducción de estas palabras. En griego, mansedumbre es *praotes*, benignidad es *epieikes* y dulzura es *chrestotes* —aunque, como puede verse, el significado de las tres es parecido—. En al-

50

gunas versiones *chrestotes* se traduce a veces como dulzura, a veces como benignidad (véanse Tito 3:4; 2 Corintios 6:6; Efesios 2:7; Colosenses 3:12; Gálatas 5:22). Otras versiones de 2 Corintios 6:6 traducen la palabra como *ternura*. *Suave*, podría ser otra traducción. La misma palabra griega se utiliza cuando Jesús dice que su yugo es «fácil» (Mateo 11:30), significando que no molesta ni irrita.

El apóstol Pablo menciona que la benignidad es uno de los frutos del Espíritu. Me preguntaba por qué. Mucho de lo que leía sobre Pablo me hacía pensar que era un hombre pequeño, vivaz y emprendedor, pronto a corregir las equivocaciones de los demás, amante de la concisión y elocuente al hablar. ¿Cómo podía poner tanto énfasis en una característica que él mismo no mostraba en su propia vida? Con los años he ido comprendiendo que podemos ser francos y directos a la vez que dulces y mansos.

Delicadeza tripartita

La delicadeza combina tres características. La primera parte es la consideración o amabilidad. El líder delicado tiene siempre presentes los sentimientos de los demás. Nunca herirá o se mofará de los que le siguen.

La segunda característica de la delicadeza es sumisión. En el sentido bíblico, significa sumisión a la voluntad de Dios —como la palabra *manso*—. Moisés, el hombre a quien Dios llamó el más manso que había sobre la faz de la tierra (Números 12:3), no dudaba en oponerse al mal o defender la verdad. Se sometió a la voluntad de Dios.

Jesús mostró esta característica también, sometiéndose a la voluntad de su Padre. Podría haber optado por algo más fácil, pero fue voluntariamente a la cruz y rehusó todo honor humano.

Una tercera característica de la delicadeza es la aptitud y deseo de aprender —nunca sentirse tan orgulloso como para dejar de aprender y ser corregido—. Una persona verdaderamente delicada siempre está aprendiendo y está abierta a ideas y costumbres nuevas.

Esta característica es la que tipifica a un escritor profesional a quien conozco, que dirige dos grupos de personas deseosas de aprender a escribir. Los participantes deben escribir algo cada semana y dejar que los otros lo critiquen. El escritor cree que es la manera más efectiva de aprender.

Lo cree con tanta convicción, que a menudo distribuye su propio material a la clase para ser corregido. Aunque los estudiantes no siempre saben evaluar de manera efectiva, siempre aprende de los comentarios que le hacen. «No hay escritor, por bueno que sea, que no pueda aprender de otros», afirma. Esta actitud muestra una característica de la delicadeza en acción, y es una característica importante que los líderes deben poseer.

Fuerza y delicadeza

Hacia el año 1970 salió en la televisión norteamericana una serie llamada «Ben el Manso», que duró poco tiempo. Ben era un oso —un oso grande y fuerte—. Pero siempre se mostró cariñoso con la familia que le adoptó. Podía enojarse y utilizar su fuerza física de modo evidente, pero también podía mostrar su naturaleza amable y dulce. Aquel oso es el ejemplo más concreto imaginable de la delicadeza.

La delicadeza tiene fuerza escondida. Hay quienes piensan que los líderes delicados y mansos son débiles, pero si tienen la mansedumbre verdadera y bíblica, poseen una gran reserva interior de fortaleza.

La delicadeza en acción: Jesús y la mujer

Como quedó mencionado anteriormente, el lado delicado del liderazgo de Jesús se muestra de manera más clara en la historia de la mujer acusada de adulterio (Juan 7:53-8:11). Es curioso que algunos traductores dudan de la autenticidad del pasaje o lo sitúan en otro contexto. Un estudioso comenta: «El tono de la historia, tanto si se considera como Escritura o no, deja ver un lado característico de Jesús.» Tenemos una descripción parecida en Lucas 7:36-50, en la historia de la mujer que ungió los pies de Jesús en la casa de Simón el fariseo.

En la historia de la mujer adúltera, es fácil enfocar nuestra atención a las respuestas decisivas de Jesús a los líderes judíos que intentaban confundirle, y dejar de lado su actitud con respecto a la mujer. ¡Cuán encogida debía sentirse aquella mujer, rodeada de toda aquella gente! Debía sentirse abrumada de miedo, dolor y culpabilidad. Sin embargo, Jesús la trató como persona, no como un objeto.

Cuando los líderes religiosos llevaron a la mujer a Jesús, lo hicieron sin preocuparse de ella como persona humana. Lo hicieron con una intención: hacer caer a Jesucristo en la trampa. Él no sólo impidió que la ejecutaran, sino que además les avergonzó a ellos.

Para mí, el aspecto más importante de la historia está en la manera en que acaba. Jesús no amonestó a la mujer por su inmoralidad, como harían, sin duda, muchos líderes de hoy en día. No recalcó el daño que se había causado a sí misma y a su familia. No la reprendió preguntándole: «¿Por qué te rebajaste a este estado?»

En vez de esto hizo dos cosas:

Primero, *la aceptó*: «Mujer, ¿dónde están los que te acusaban? Ninguno te ha condenado... Ni yo te condeno» (Juan 8:10-11). De esta manera Jesús hizo que se diera cuenta de su pecado, pero no la abrumó con otra carga.

Creo que la mayoría nos sentimos suficientemente culpables sin que se nos cargue aún más. Cuando tenemos un fracaso, lo sabemos. Tenemos la tendencia de menospreciarnos por ser débiles, o pensamos que somos malos. Experimentamos tanto odio propio que no nos hace falta que alguien lo aumente.

Jesús habló de modo enérgico a los que negaban sus pecados e intentaban esconder sus fallos. Pero a los que ya estaban sobrecargados de dolor y se sentían abatidos, les alentaba. Condenó el pecado, pero ayudaba a la gente a superarlo de manera bondadosa y delicada. Esta conducta me recuerda algo que me dijo un viejo pastor amigo mío: «Un sermón debe hacer dos cosas: alentar a los afligidos, y perturbar a los satisfechos de sí mismos.»

¿Cuál fue la segunda cosa que Jesús hizo por aquella mujer? *La perdonó*: «Ni yo te condeno; vete, y no peques más» (11).

Me quedo maravillado de esta frase, ¡es tan simple y directa! Jesús dijo todo lo que ella necesitaba oír en aquellas pocas palabras. Le hizo saber que era perdonada, pero le advirtió que no incurriera en la misma falta de nuevo. No la abrumó por el pecado cometido, no le echó una plática sobre caer en la tentación, ni la confundió con moralismos. Dijo simplemente: «No lo hagas más.» Esto era todo lo que le hacía falta oír. Los que se extravían hoy día necesitan este tipo de corrección de líderes delicados y mansos.

¿Funciona la delicadeza?

Tengo un amigo que venía de una familia muy pobre cuando niño. Aunque no pasaba hambre, no le sobraba nada. Puesto que era inteligente y lleno de inquietudes intelectuales, amaba la lectura. Iba de manera regular a una tienda donde había una gran sección de revistas; allí podía esconderse en un rincón y leer. Volvía las páginas con cuidado para no echar a perder la revista.

Un día hizo más que leer. Se metió una revista en el interior de la camisa antes de salir de la tienda. Unos días más tarde volvió a hacer lo mismo. Hizo de esto una práctica habitual.

Un buen día, un dependiente le cogió en el acto mismo de esconderse la revista bajo la camisa. El niño estaba aterrorizado pensando en lo que haría el hombre. ¿Llamaría a la policía? ¿Llamaría a sus padres?

El dependiente habló al niño con calma sobre la

costumbre de apoderarse de lo ajeno. Al acabar, hizo algo sorprendente. Puso sus manos sobre los hombros del niño y le dijo: «Por favor, no lo hagas más.»

Hoy, mi amigo dice: «No lo hice nunca más, y nunca me he olvidado de aquel hombre. Podría haber sido duro; estaba en su derecho, a fin de cuentas, pero me trató amablemente.»

Hace falta gran fortaleza para ser bondadoso. No todos los líderes saben mostrar un lado amable y delicado. La mayoría lo hacemos aún más difícil, al considerar que las personas delicadas y mansas son débiles, poco eficientes y quizás algo tontas. Pero Jesús dijo: «Ni yo te condeno; vete, y no peques más.»

La delicadeza puede ser una característica del liderazgo que hemos perdido en muchos de nuestros intercambios comerciales, nuestras clases, nuestros hogares y quizás en nuestras iglesias. Necesitamos tener presente este aspecto del estilo de liderazgo de Jesús:

PRINCIPIO 5:

SÓLO EL LÍDER VERDADERAMENTE FUERTE PUEDE SER VERDADERAMENTE DELICADO

CAPÍTULO SEIS

CAMBIO EN LAS COSTUMBRES

Una empleada que trabajaba en la oficina de una iglesia local había llegado a los sesenta y cinco años de edad. El comité de personal había establecido la norma de jubilación obligatoria a esta edad. Pero como la mujer gozaba de excelente salud y, a causa de una confusión, se habían perdido sus papeles de la Seguridad Social, pidió que la dejaran seguir trabajando otro año.

Sin embargo, el comité de personal dijo: «Tenemos una regla, no la podemos contravenir.»

Algunos fuimos a ver al presidente del comité y le dijimos: «¿No es una trabajadora excelente?»

«Por supuesto. Una de las mejores que hemos tenido nunca.»

«¿No desempeña un cargo importante?», le preguntamos.

«Sin duda. Hace el trabajo de dos personas. Verdaderamente hace que las cosas funcionen.»

«Si hace todo esto, ¿por qué le están obligando a dejar su puesto?», preguntamos.

«Es que no tenemos otra posibilidad», contestó el presidente; «el reglamento es el reglamento, ya saben esto». Sacó el reglamento, lo abrió para que pudiera verlo. «Aquí», dijo, «¿lo ve?»

«Pero, ¿quién hizo esta reglamentación?», le pregunté.

«No lo sabemos. Supongo que algún comité anterior. Nos dejaron el reglamento para seguirlo.»

Discutí, razoné, rogué... En fin, todo lo que podía hacer, pero el presidente del comité se mantuvo firme. A cuanto le dije, contestó imperturbable: «El reglamento dice...»

Jesús encuentra reglamentos

Según cuenta Juan 5:1-15, Jesús hizo algo extraordinario. Un hombre paralítico desde hacía treinta y ocho años estaba cerca de un estanque en Betesda. Muchas otras personas enfermas estaban allí también porque creían que un ángel venía de vez en cuando a remover las aguas. La primera persona que se bañara después de la llegada del ángel, quedaría curada.

Jesús se acercó al paralítico y le preguntó: «¿Quieres ser sano?» (v. 6), y le curó.

Después de la cura, el hombre tomó su lecho y empezó a andar hacia su casa. Así podría haberse terminado un incidente milagroso. Pero el escritor del Evangelio añade un detalle —un detalle que deja ver la manera en que otros reaccionaron ante este milagro—. Juan escribe: «Y era sábado aquel día» (v. 9).

Cuando los líderes religiosos se enteraron de la curación no se alegraron. No dieron gracias a Dios por haber sido realizada esta señal portentosa. Se enojaron, dijeron al que antes era paralítico: «Sábado es, no te es lícito llevar tu lecho» (v. 10).

Uno pensaría que estos líderes habrían dado alabanza porque el hombre estaba curado y ya se habían acabado sus años de sufrimiento. Pero, puesto que Jesús había sanado al hombre en el día santo del sábado, se enfurecieron. Habrían preferido que el hombre siguiera paralizado y sufriendo el resto de su vida, a que recibiera la merced de Dios en el día santo.

Al hacer este milagro, Jesús dio evidencia aún más de su mesianidad. Pero sus detractores no se detuvieron para reflexionar sobre este punto. Sólo vieron su radicalismo, y que no actuaba conforme a sus reglas. Ya en los tiempos de Jesús las instituciones religiosas habían quedado anquilosadas por las reglas que encadenaban a la gente, obligándolas a vivir para trabajar, en vez de trabajar para vivir. Las reglas, tan necesarias como normas, se habían convertido en cadenas. Los líderes estaban tan obsesionados por las reglas, que no tenían en consideración las necesidades humanas.

Jesús quebrantó sus reglas; según ellos, Jesús había incurrido en un pecado muy serio. Había violado las leyes del sábado, y esto no podía pasarse por alto. Jesús trató de hacerles ver la diferencia entre usar reglas y abusar de ellas, entre ayudar a las personas y esclavizarlas, utilizando la ocasión para hablar a sus oyentes de su relación especial con el Padre.

Esto nos muestra otra faceta del estilo de liderazgo de Jesús. Cuando vio que hacía falta realizar una buena obra, no preguntaba: «¿Qué día de la semana es?» El hombre enfermo necesitaba ser curado. Jesús antepuso la compasión y la misericordia a las reglas.

Alguien lo ha expresado de la siguiente manera: Jesús quería a la gente y se valía de los objetos, pero los líderes religiosos querían los objetos y se valían de la gente. Este acto de Jesús no tenía por objeto estimular a la gente a quebrantar la ley o fomentar un sentimiento de protesta contra las convenciones sociales; en vez de esto, Jesús hacía ver, de manera vívida, que las personas son más importantes que las reglas.

Instituciones y reglas

Cuando hice mis estudios superiores, investigué el carácter de las instituciones y los movimientos sociales. Aprendí que al empezar una institución —sea cristiana o no— los fundadores critican otras organizaciones ya establecidas. Por ejemplo, una nueva compañía que vende material informático dirá: «Nosotros ofrecemos un servicio personalizado. Los que están en aquella gran compañía no se preocupan de sus clientes y no les atienden.»

Cuando se forma una nueva congregación o denominación, los miembros se sienten a menudo poco satisfechos del grupo establecido del que proceden. Consideran que la institución anterior ha llegado a ser demasiado rica e impersonal y que funciona sólo a base de reglas y reglamentos. Pueden creer que la iglesia establecida está demasiado interesada en llenar sus cofres con miras a poder continuar sus programas, y poco interesada en apacentar a las ovejas.

Pero, a su vez, la *nueva* iglesia o negocio crece y se establece. Con el tiempo, los fundadores oirán las mismas acusaciones que ellos habían dirigido a sus antecesores. Y de nuevo un líder joven y entusiasta declarará, todo emprendedor, que «nosotros» debemos deshacernos de las reglas sin sentido que nos impiden llegar a las personas. «Nosotros» debemos allegarnos a las personas.

De manera parecida, cuando Dios dio los mandamientos a Moisés, los dio para el *bien* de la comunidad. A lo largo de los siglos los líderes interpretaron, reinterpretaron, explicaron y reexplicaron estos reglamentos básicos.

Con el tiempo, los maestros con mayor profundidad reflexiva *añadieron* a las reglas por medio de reinterpretación y explicación constantes. El judío ortodoxo llegó a tener que cumplir 613 obligaciones diarias. Los maestros dividieron las reglas en las *de peso* (248 obligaciones diarias), y las *ligeras* (365 preceptos a seguir diariamente). El no poder cumplir las obligaciones ligeras llevaba a un castigo menos riguroso.

Volver a lo básico

El estilo de liderazgo de Jesús iba en contra del que practicaban los escribas, fariseos y rabinos. Cuando querían hablar con autoridad, decían: «Tal como dijo el rabino Hillel...» Se referían a una regla, un precepto u observación de un predecesor famoso.

Por otro lado, Jesús hacía afirmaciones como la siguiente en el Sermón del Monte: «Oísteis que fue dicho... Pero yo os digo...» (Mateo 5:27-44). No quería con esto contradecir las reglas de Moisés, ni tampoco eliminar lo que Dios había mandado en el pasado. Más bien mostró, a través de hechos como la curación del paralítico, que los líderes religiosos habían deificado los mandamientos que debían guiarles para vivir en comunidad y adorar a Dios.

En la época de Jesús, los estudiosos más destacados debatían sin cesar sobre cuál era el mandamiento más importante.

Jesús clarificó sus dudas cuando contestó a los que le preguntaron —sin duda para entramparle—: «¿Cuál es el primer mandamiento de todos?» (Marcos 12:28).

Jesús contestó citando la Ley de Moisés: «Y amarás al Señor tu Dios con todo tu corazón, y con toda tu alma, y con toda tu mente y con todas tus fuerzas... Y el segundo es semejante: Amarás a tu prójimo como a ti mismo. No hay otro mandamiento mayor que éstos» (vv. 30-31).

Jesús tenía un estilo de liderazgo que iba a lo básico. Sabía que las leyes de Dios eran para ayudar, no estorbar, a la gente a vivir con plenitud. Así que puso el énfasis donde hacía falta —sobre la compasión, amor, fidelidad a los demás y a Dios— y no sobre el comportamiento social y sus requerimientos.

El estilo de Pablo

Pablo manifestó el estilo de liderazgo de Cristo cuando escribió a las iglesias de Galacia. Los creyentes de estas iglesias estaban sumidos en un marasmo de reglas que les ahogaba. Pablo quiso mostrarles que Cristo les había liberado, y les explicó el concepto de la libertad cristiana.

¿No ocurre lo mismo en las iglesias hoy? Muchas congregaciones parecen muertas espiritualmente porque se han aferrado a tradiciones que se remontan a siglos. Aunque estimables y acreditadas, ponen énfasis en lo que debe considerarse un medio «para facilitar el rendir culto a Dios, pero ahora dificulta el «acto» de la adoración.

Algunos misioneros en países extranjeros han fracasado porque eran demasiado inflexibles al ejercer la libertad cristiana. Construyeron iglesias que habrían estado mucho mejor en Boston o Londres que en África o Asia, con arquitectura, bancos, púlpito, coros y vestimenta de estilo occidental. No sólo introdujeron elementos totalmente ajenos a estas culturas, sino que insistían en que formaran parte integral del culto.

Conozco misioneros, por ejemplo, que fueron a hacer obra al África del Este en los años 30 y 40. Allí encontraron gente que tenía su propio estilo de música, que se cantaba utilizando otra escala y sin metro regular. Estos misioneros bienintencionados empezaron a enseñarles himnos que habían sido traducidos al estilo occidental, y no tardaron en aparecer problemas.

Los misioneros insistieron en la regularidad del metro. «Al fin y al cabo, es así que debe ser la música», dijo uno de los misioneros. Insistieron en enseñar a la gente la música occidental con su escala totalmente distinta. Además —y peor todavía— los occidentales prohibieron a los africanos cantar lo que procedía de la cultura africana; los misioneros pensaban que todo lo que era indígena era pagano. Estos occidentales no se tomaron la molestia, que yo sepa, de escuchar los himnos indígenas y su contenido.

Me pregunto si Jesús habría dicho a esos misioneros con buenas intenciones: «Os preocupasteis más de vuestro gusto musical que de las necesidades de aquel pueblo. Pero os digo, dejadles dar alabanza, dejadles rendir culto en sus palabras y con su estilo de música.»

¿Cómo habrían contestado algunos de esos misioneros? De la misma manera que los líderes rígidos de la época de Jesús, aunque menos contundentemente. Después de curar al paralítico junto al estanque, Jesús se vio enfrentado con la ira de estos líderes: «Y por esta causa los judíos perseguían a Jesús y procuraban matarle, porque hacía estas cosas en el día de reposo» (Juan 5:16).

Poner primero lo primero

El estilo de liderazgo de Jesús pone a las personas en primer lugar, y las reglas en segundo lugar. Las necesidades humanas vienen primero, después el acato a las tradiciones. El reino de Dios viene primero, y *todo* lo demás viene segundo. En términos prácticos, esto significa que los líderes deben hacer caso omiso, a veces, de las tradiciones «sagradas». Para hacer esto se requiere gran valor.

Los líderes que siguen el estilo de Jesús no van en contra de las tradiciones por el hecho de hacerlo. Las costumbres nos pueden traer muchos beneficios, y de hecho llegan a ser costumbres por buenas razones. Sin embargo, cuando una costumbre obstaculiza la satisfacción de una necesidad humana, los líderes deben considerar si hace falta actuar en contra de esta costumbre.

Esto nos lleva a nuestro próximo principio:

PRINCIPIO 6:

LOS VERDADEROS LÍDERES ANTEPONEN LAS NECESIDADES HUMANAS A LAS TRADICIONES SOCIALES

Este principio parece excelente. El problema está en saber cómo y cuándo aplicarlo, puesto que nos enfrentamos con tantas tradiciones. Jesús podía haber utilizado cientos de ejemplos para mostrar cómo los líderes religiosos de su época explotaban y encadena-

63

ban espiritualmente a su pueblo, pero se valió de una de las reglas más importantes: la ley del sábado. Utilizó este ejemplo, sin duda, para que la gente pudiera examinar otras costumbres, ritos y reglas con el mismo criterio.

Este difícil equilibrio entre respetar y romper las costumbres nos lleva a la definición que Jesús dio del primer mandamiento —amar a Dios con todo nuestro corazón—. Este mandamiento va seguido inmediatamente por el de amar a nuestro prójimo como a nosotros mismos, así que llegan a estar íntimamente relacionados. ¿Hay otra manera mejor de mostrar nuestro amor a Dios que en la manera en que tratamos a nuestro prójimo? El verdadero líder hace que el amor sea el criterio para juzgar cuándo romper las tradiciones humanas para satisfacer las necesidades humanas.

CAPÍTULO SIETE

GENEROSIDAD

Un joven empezó sus estudios a los veinticinco años. Había hecho muchas otras cosas antes, pero al fin decidió que quería estudiar. No pasó mucho tiempo sin que los profesores se fijaran en él.

Después de algunos meses, uno de los profesores con el que había entablado amistad le dijo: «Bob, tienes un cerebro como una esponja. Absorbes todo lo que te enseño. Pero es más, no te quedas satisfecho con las respuestas que te dan. Sigues teniendo más preguntas.»

Un año más tarde, el mismo profesor le dijo a Bob: «Te he enseñado todo lo que sé. Te soy muy franco: tienes más dotes intelectuales que yo. Me parece que lo mejor que podrías hacer es cambiar de universidad para encontrar el estímulo que te sería adecuado.» El profesor quería que su estudiante fuera más que él. No hay muchas personas que actúen de modo tan generoso.

Un farmacéutico vio que un joven miembro de la iglesia a la que pertenecía prometía mucho. Sabía que aunque el joven quería ir a la universidad, no podía. Sus padres habían muerto y, puesto que él era el mayor, tenía que trabajar para educar a sus otros dos hermanos.

65

Después de mucha oración para poder tomar la decisión adecuada, el farmacéutico dio a los dos hermanos menores trabajo parte del día, de modo que el hermano mayor no tenía que dedicar todo su tiempo a sostenerlos. Hizo préstamos al joven para que pudiera asistir a la universidad.

Cinco años más tarde, con un título superior, el joven tenía el futuro asegurado. Le dijo a su benefactor: «Le puedo devolver el dinero que me prestó a razón de 200 dólares por mes.»

El farmacéutico dijo que no con la cabeza: «Te presté el dinero, pero no quiero que me lo devuelvas. Quiero que estés al tanto, y cuando veas a una persona que lo merezca como tú lo mereciste, haces lo mismo.»

Aquel profesor y aquel farmacéutico tenían un alma generosa. Esta característica es necesaria si se quiere ser un líder cristiano.

La generosidad de Jesús

Un incidente que ilustra la actitud generosa y abnegada de Jesucristo es cuando dio de comer a los 5.000 (Juan 6:1-14). Es el único milagro que cuentan los cuatro Evangelios, lo cual indica la profunda impresión que hizo a la iglesia primitiva.

Jesús tomó el almuerzo de un niño y multiplicó la comida de modo que todos los presentes tuvieran suficiente para comer. Los escritores hablan de 5.000 hombres, número que quizás no incluya a mujeres y niños.

Este milagro muestra la generosidad de Jesús, ya que se preocupó de la necesidad de la gente. Podía haber enviado a la multitud a sus casas. Podía haberles dicho por la mañana que el día era largo y que necesitarían comida. Podía haberse encogido de hombros y dicho que no era cosa suya.

Los discípulos, que tenían sentido común, se dieron cuenta de que las multitudes tenían hambre y se preocuparon. Pero Jesús no tenía obligación con respecto a la multitud. Él no les había dicho que le siguieran, así que los discípulos le sugirieron a Jesús que les enviara a casa antes del anochecer.

¿Quién hubiera culpado a Jesús por haber hecho esto? Era de sentido práctico y todo el mundo habría estado de acuerdo. Pero Jesús no les envió a casa: proveyó para ellos. Ésta es la generosidad de Jesucristo. Da cuando nosotros no tenemos ninguna razón válida para pedir, cuando no lo esperamos.

Jesús proveyó para la gente lo que ellos mismos no podían proveerse. En este caso era comida. Al ciego de Juan 9 le dio vista. En la boda de Juan 2, los invitados no podían esperar que Jesús les proveyera de vino. Pero Jesús, en su generosidad, lo hizo. Esto nos lleva al principio siguiente para el liderazgo:

PRINCIPIO 7:

LOS VERDADEROS LÍDERES DAN GENEROSAMENTE

Generosidad a nivel ejecutivo

Contrario al mito popular, los buenos líderes no llegan a su posición por haber atropellado a los otros. Pensamos a veces que los que «están delante» tienen una actitud de: «Yo me abrí camino; tú te abres el tuyo.» Pero mi experiencia ha sido todo lo contrario. Los que llegan a la cima —sobre todo los que han llegado subiendo desde la misma base— conocen las dificultades y contrariedades del ascenso corporativo y saben cuán importante es tener ayuda.

Hace unos años, una revista de distribución nacional hizo una encuesta a los ejecutivos de alta posición de veinte de las mayores corporaciones de la nación. Cada uno dijo que su mayor impulso vino cuando alguien que estaba más alto que él quedó impresionado por su habilidad y le ayudó... Un líder comentó: «Cada vez que él (mi mentor) subió, me llevó una muesca más arriba con él.»

Cuando leí el artículo, una de las características que se mencionaron me sorprendió: la generosidad. Los que llegan a los sitios de importancia, según se desprende de este artículo, no son personas que atropellan a los que ya no les son útiles. Estos líderes trabajan bien en compañía, y es por esto que llegan a ser ejecutivos. Han ayudado a otros, aun cuando éstos podían haberles hecho la competencia.

Después de haber leído este artículo he conocido a varios ejecutivos cristianos o sabido de ellos a través de otros. No todos dan evidencias de ser generosos, pero muchos sí.

Cuando digo generosidad quiero decir dar de uno mismo sin esperar que le sea devuelto algo. No quiero decir dar para recibir. No quiero decir ayudar a alguien y después recordarle: «Me debes un favor.»

Los líderes generosos son asimismo más que mentores. Dan ayuda a un círculo más amplio de personas. Alientan. Quieren que los demás triunfen.

Cecil B. Day, que falleció recientemente, era un líder de este tipo. Era el fundador de la cadena de moteles Day's Inns of America, cadena que hoy tiene más de trescientos moteles. Éstos fueron concebidos para estar al alcance de los viajantes con ingresos reducidos, así como empleados del Gobierno y otros trabajadores.

Cecil venía de una familia modesta, y salió de este ambiente para fundar esta cadena multimillonaria de moteles. Se le conocía como hombre que trabajaba mucho para dar su dinero a causas dignas que honraban a Dios.

Antes de morir, Cecil distribuyó parte de sus bienes. Siempre había dado oportunidades para subir a los jóvenes, evangelistas, pastores y otros que trabajan por Cristo. Su vida fue una vida generosa.

La manera en que dan los líderes

La generosidad no significa sólo dar dinero. Los líderes que entienden el concepto del amor de Jesús; saben lo que pueden dar de *sí mismos* a menudo de manera que van mucho más allá de las cosas materiales. ¿Cómo lo hacen?

1. *Dan su tiempo.* Los líderes, en vez de ceder parcamente parte de su tiempo, lo utilizan para servir en muchas formas distintas. Algunos de los miembros de iglesia más efectivos en ella vienen de posiciones de liderazgo en el negocio. Un encargado regional de ventas para una compañía de carnes dijo: «Hago todo lo que puedo en el trabajo. En la iglesia me valgo de los conocimientos que adquiero en el negocio para servir a Jesucristo.» Este encargado tan ocupado preside el programa evangelista de su iglesia.

2. *Prestan atención a los demás.* Cuando un ejecutivo asumió una de las posiciones clave de la compañía, dijo a su personal: «La puerta de mi despacho está abierta. Si les hace falta hablarme, haré lo que pueda para que lo hagan.»

Dieciséis años más tarde persevera en la misma línea de conducta. Los empleados no siempre pueden ir a verle con la frecuencia que quisiera, pero él trata siempre de hallar tiempo y acomodarse a sus necesidades. Una secretaria de la compañía dice: «Tuve un problema en casa que me dejó muy atribulada. Le llamé porque necesitaba hablar con alguien. Sabía cuán ocupado estaba, así que le pregunté: ¿Tendría tiempo para hablar conmigo unos minutos? Sé lo ocupado que está...»

«Nunca estoy tan ocupado que no pueda escuchar a la gente», contestó el ejecutivo. Y se quedó veinte minutos hablando por teléfono con aquella secretaria.

«No me resolvió el problema», admite la secretaria, «pero me dio muestras de que tenía interés por mí. El que sacara tiempo para escuchar, me ayudó a mitigar el dolor y la pena que me afligían».

3. *Ofrecen libremente su experiencia.* Los mejores

líderes han aprendido mucho en el camino que han seguido para llegar a donde están. Cuando se les pregunta, transmiten lo que han aprendido.

Un ejecutivo dijo a sus ocho subalternos: «Tengo cuatro años más antes de jubilarme. Les ayudaré en todo lo que pueda, pero no daré ayuda a menos que se me pida. Si me piden ayuda, se la daré.»

No lo dijo de modo explícito, pero quería que uno de sus subalternos le sucediera en su puesto cuando él se jubilara. Así ocurrió. Era una abuela emprendedora de cuarenta y tres años la que se valió de la oferta del ejecutivo. Le observó cuidadosamente, le hizo preguntas y no dejó de buscar maneras más eficientes de realizar el trabajo. Él dio libremente la ayuda que había prometido dar.

El principio de dar

Jesús dijo: «De gracia recibisteis, dad de gracia» (Mateo 10:8). Pablo cita a Jesús diciendo: «Más bienaventurado es dar que recibir» (Hechos 20:35).

El principio, aquí, es que nunca perdemos cuando damos. Sólo podemos salir ganando. Para los cínicos puede resultar extraña esta práctica, pero da resultado. A medida que los líderes dan de sí mismos, el personal mejora y se afianzan las relaciones establecidas. La regla dorada hace del dar una práctica eficaz para regir la vida.

Siguiendo nuestro natural, la mayoría preferiríamos, sin duda, no dar. Normalmente, aprendemos a ser generosos porque alguien nos ha enseñado a serlo con su ejemplo. Hemos recibido ayuda de un benefactor, un amigo, compañero o jefe, y queremos hacer lo mismo.

Un espíritu generoso

La generosidad viene de muchas formas. Cuando los líderes hacen planes para los que les siguen, por ejemplo, allanando así sus dificultades, se evidencian como generosos... Cuando los líderes equipan, enseñan, amonestan y alientan a los trabajadores a hacer todo lo que puedan, se muestran generosos. No están obligados a hacer esto, y de hecho podrían tener menos problemas si los trabajadores se quedaran en los puestos en que están.

Pero, cualquiera que sea la forma en que se muestre, la verdadera generosidad viene de dentro. No se manifiesta para conseguir el aprecio de los demás o su lealtad.

Uno de los hombres de Dios con el espíritu más generoso que haya conocido, es un hombre que tiene poca educación formal. Tampoco deslumbra su talento natural. Le llamaré Claudio.

Cuando era un trabajador manual, Claudio empezó a preocuparse por la gente de un barrio muy pobre de la ciudad. Ayudado por su esposa y dos hijas, empezó una iglesia en una casa alquilada. La gente, poco a poco, empezó a acudir a la iglesia. Tardó seis años en tener suficientes miembros para dejar el trabajo manual y entregarse plenamente a la obra de la iglesia.

Pasó el tiempo, y un joven que había conocido a Jesucristo en la iglesia de Claudio dejó la congregación. Un domingo que yo estaba de visita en casa de Claudio, aquel joven le llamó por teléfono.

Después de haberle hablado, Claudio volvió a la mesa y nos informó, a su familia y a mí, de quién le había llamado: «Quiere empezar una iglesia en nuestra misma calle, un poco más abajo.» Los dos, él y el joven, ministrarían en el mismo vecindario.

«¿Qué le dijiste?», le preguntó su esposa.

«Qué otra cosa le podía responder que darle la bienvenida. Hay gente para los dos.» La sinceridad de Claudio se dejaba ver claramente mientras hablaba. Las últimas palabras de la conversación con el joven habían sido para decirle: «Tú empiezas en el otro extremo de la calle, y nos encontraremos en la mitad.»

¡Esto es la generosidad!

Por contraste, un pastor de los arrabales de otra ciudad había llegado a constituir una iglesia bastante numerosa. Sintió la necesidad de hacer llegar las Buenas Nuevas a los de un nuevo arrabal un poco más alejado de la ciudad. Como formaba parte de una denominación que trabaja junto con otras iglesias ya existentes, él y otros miembros de la congregación dieron parte de sus intenciones a otras tres iglesias: «Queremos abrir una iglesia y sostenerla hasta que pueda valerse por sí misma.»

Los representantes de una de las iglesias que estaba a cinco millas del arrabal donde se iba a construir la nueva iglesia pusieron el grito en el cielo: «Ustedes no pueden ir allí. Nuestros planes ya incluyen esta área como parte de nuestra obra de ministerio. ¡Están traspasando y entrando en nuestra área!»

La iglesia que había propuesto el plan dio un paso atrás creyendo que la membresía de la otra iglesia haría la obra necesaria para evangelizar la nueva comunidad. Sin embargo, pasaron cinco años y nada había ocurrido. Parece que no tenían la intención de empezar obra allí, pero tampoco querían que los otros lo hicieran. Esta actitud de «perro del hortelano» es, desgraciadamente, muy frecuente; aun entre el pueblo de Dios.

Pero los líderes generosos no tienen esta mentalidad. Todo lo contrario, sienten alegría y placer al dar y compartir. Entienden el principio de que el verdadero líder, al igual que Jesús, da generosamente.

CAPÍTULO OCHO

VERACIDAD

El programa en la televisión había llegado a su momento más dramático. El médico había examinado al marido detenidamente y hecho una docena de pruebas o *tests*. Ahora el médico fue a comunicar los resultados a la esposa.

«¿Qué tiene, doctor?», le preguntó ella.

«¿Quiere saber la verdad?», le respondió el médico.

«Sí. Claro que sí.»

He visto esta escena docenas de veces por la televisión y he oído decir que ocurre en la vida real. Siempre me pregunto: «*¿Qué otra respuesta podría dar la persona?* Cuántas personas dirían abiertamente: "No, por favor, dígame una mentira. Tranquilíceme".»

Tengo la sospecha de que la mayoría no queremos saber la verdad sobre muchas cosas. Encontramos maneras de evitarla o, de alguna manera, esconder esta verdad. He visto este proceso en toda clase de reuniones y grupos de oración. Empieza cuando una persona se enfrenta con otra. La otra persona empieza inmediatamente a disimular, atenuar o negar lo que la otra persona le dice.

No le gusta a nadie que sus acciones imperfectas salgan a la luz del día. A veces ocurre lo mismo con los cumplimientos: los rechazamos tratando de quitarles importancia. Es que, simplemente, no sabemos cómo aceptar y reconocer la verdad.

¿Qué es la verdad?

Una broma antigua dice: «Hay tres caras en cada historia: la tuya, la de la otra persona, y la verdad.» Las palabras de este dicho humorístico deberían hallar respuesta en cada uno de nosotros. Tenemos tendencia a inclinar los datos a favor nuestro —por omisión—, o añadir rasgos a la verdad.

El Evangelio de Juan cuenta el diálogo sorprendente que tuvieron Jesús y Pilato sobre el tema de la verdad. Tuvo lugar cuando los líderes judíos llevaron al Señor al gobernador para juzgarle y condenarle. Cuando le preguntaron si era rey, Jesús respondió: «Tú dices que soy rey. Yo para esto he nacido, y para esto he venido al mundo, para dar testimonio a la verdad. Todo aquel que es de la verdad, oye mi voz» (Juan 18:37).

Pilato le hizo otra pregunta: «¿Qué es la verdad?» (v. 38). No debió haber esperado respuesta, puesto que se volvió inmediatamente a los líderes y dijo: «Yo no hallo en él ningún delito.» Pilato supuso que nadie podía dar respuesta a la pregunta «¿qué es la verdad?»

Pero Jesús, en realidad, ya había contestado la pregunta de Pilato durante el transcurso de otro incidente que queda registrado en el Evangelio de Juan. En la noche en que se despidió de sus discípulos antes de ser arrestado, Jesús declaró que Él era «el camino, la verdad y la vida» (14:6).

Jesús encarna la verdad, mantiene la verdad y no se desvía de la misma. Nadie puede darnos mejor ejemplo de cómo seguir la verdad que Él. Como dice el prólogo del cuarto Evangelio: «Pues la ley, por medio de Moisés fue dada, pero la gracia y la verdad vinieron por medio de Jesucristo» (1:17). El evangelista no dijo que la verdad no existía antes de que llegara Jesús a la tierra, sino que sólo Cristo *es* la verdad última.

Como discípulos de la verdad, tenemos la responsabilidad de decir la verdad. Aunque ninguno de nosotros vea o conozca *toda* la verdad, no tenemos excusa para desentendernos de ella. Si nos llamamos cristianos, damos a entender, entre otras cosas, que nos mantenemos firmes en lo que es verdadero. Fíjense en cómo Pablo pone la verdad al principio de su tan conocida lista:

> «Por lo demás, hermanos, todo lo que es verdadero, todo lo honesto, todo lo justo, todo lo puro, todo lo amable, todo lo que es de buen nombre; si hay virtud alguna, si algo digno de alabanza, en esto pensad» (Filipenses 4:8).

En el liderazgo, quizás más que en otros sitios, la verdad tiene que ir delante. Si la gente no puede tener confianza en las palabras de sus líderes, ¿en quiénes pueden confiar? Si los líderes mienten o hacen malabarismos con la verdad, ¿qué ejemplo dejan para los que les siguen?

Decir la verdad

No basta con hablar *de* la verdad: también debemos aprender a decir la verdad misma. No siempre resulta fácil hacer esto.

Hace años, por ejemplo, algunos amigos escuchamos a un conocido orador en una convención. Aunque ninguno de nosotros lo conocía, sabíamos que tenía muy buena reputación como orador. Su mensaje no nos gustó aquella noche: presentó cinco mensajes e intentó, sin éxito, combinarlos.

Como que él era amigo íntimo de un matrimonio que yo conocía bien, le había llamado antes, por la mañana, para invitarle a tomar un café con nosotros después del mensaje. Había aceptado. Después de las presentaciones, cuando nos habíamos sentado a la mesa, nos preguntó: «¿Qué tal, les gustó el mensaje?»

La frase cayó como una bomba. Miré las caras que ponían los demás al tratar de responderle. El primero, queriendo ser diplomático, dijo: «Habló con energía y sinceridad. Se ve que le gusta hablar en público. Estoy seguro de que su mensaje llegó a muchas personas.»

El segundo, algo más directo, dijo: «¿Se esforzó mucho, verdad? Estoy seguro que trabajó el discurso mucho.» El orador respondió con una sonrisa, y se volvió a mí.

Yo no sabía qué decirle. El mensaje había divagado mucho y había algunas aplicaciones de las Escrituras poco acertadas. No quería mentir y no logré pensar con la rapidez del segundo. Si no decía nada, significaría que no me gustaba, y no quería herir su sensibilidad.

Al final dije: «Lo mejor sería que no le contestara. Es que no me sentía del todo bien hoy. No podía concentrarme, así que mejor que no me lo pregunte.»

No me gustó la manera en que había contestado. Quería haberle dicho algo con cariño, algo como: «No me gustó su mensaje. Si le interesa, podríamos reunirnos más tarde y se lo explicaré con detalle.»

Más tarde hablé de mi dilema con un amigo que me dijo: «Si la gente no quiere oír la verdad, que no la pida.» Tampoco respondí a mi amigo. Pero sospecho que el orador había querido una respuesta positiva, quizás que se le halagara, y no la verdad.

El decir la verdad es un problema para mí, un problema con el que me enfrento a menudo. Son pocas las veces que digo una mentira a secas, el problema son las medias verdades, las insinuaciones y silencios. Sonrío cuando me opongo mentalmente a lo que se me dice. No quiero enfrentarme con la otra persona porque no deseo hacerle daño. Y el resultado es que con demasiada frecuencia acabo no diciendo la verdad; al menos no toda la verdad.

Manejo poco hábil de la verdad

Cuando decimos algo menos que la verdad, mentimos. Hay muchas maneras de hacer esto. Aquí se enumeran unas cuantas:

- Cantar himnos de entrega como «Cúmplase tu voluntad, Señor», o «Toma mi vida y que tuya sea», pero al mismo tiempo demorar la entrega.
- Permanecer sin decir palabra cuando debemos hablar alto. Nuestro silencio implica a menudo estar de acuerdo o dar consentimiento.
- Hacer promesas que no podemos cumplir.
- Decir a los demás: «Vengan ustedes a visitarme», cuando tenemos claro que no sabríamos qué hacer si vinieran.
- Dejar que los otros crean que hemos conseguido logros espirituales que no hemos alcanzado.

Por desgracia, a nuestro alrededor se disculpan las mentiras, y a veces se fomentan. Un experto en la contratación de personal dijo en una reunión de ejecutivos que el mundo de los negocios norteamericano estaba tan acostumbrado a las mentiras en las solicitudes de trabajo, que los patronos consideran, a veces, que los solicitantes que dicen la verdad son algo lerdos y es mejor no contratarlos. Los que dicen la verdad no son, al parecer, lo bastante «listos» para triunfar.

¿Hay que sorprenderse de que algunos líderes no quieran mostrarse tan inocentes como para decir la verdad y nada más que la verdad?

El jurar

Nuestra lucha en contra de decir algo que no sea toda la verdad no debe sorprendernos. Como indica la Biblia, somos, de manera habitual, mendaces. Génesis 3 deja ver que nuestros primeros padres se apartaron de la verdad cuando Dios les echó en cara su desobediencia.

Ésta es quizás la razón de peso para obligarnos a jurar cuando se trata de asuntos legales. El hecho de tener que jurar, evidencia nuestra inclinación natural a no decir la verdad.

Los judíos antiguos tenían un dicho: «Alguien que da su palabra y no la cumple, actúa con la misma maldad que los idólatras.» Así que el mentir era considerado como algo serio, puesto que no había pecado más repugnante que la idolatría. El juramento en aquella época invocaba a Dios como testigo de que el que juraba decía sólo la verdad. Ésta era, en parte, la intención del mandamiento: «No tomarás el nombre de Jehová tu Dios en vano» (Éxodo 20:7).

Este mandamiento condena hacer promesas en el nombre de Dios que no pueden ser cumplidas o no van a serlo por otra razón. En Números 30:2, Dios declara: «Cuando alguno hiciere voto a Jehová, o hiciere juramento ligando su alma con obligación, no quebrantará su palabra, hará conforme a todo lo que salió de su boca.»

En su origen, el juramento sólo se aplicaba a asuntos de envergadura, cosas que tenían que ver con la vida y la muerte. Con el paso del tiempo la gente empezó a utilizar el juramento de manera frívola.

He oído muchas veces a los árabes del Oriente Medio jurar por los incidentes más triviales. Una vez que regateaba con un mercader por un objeto cuyo valor era menos de dos dólares, declaró: «Éste es el precio final. Por el honor de Alá, no puedo rebajar más. Ya no hago beneficio alguno en esta venta. Lo juro por Alá.»

Los dos sabíamos que mentía. Al final rebajó en algunos céntimos el «precio final». Su juramento no tenía valor alguno.

Como contraste, Jesús dijo en el Sermón del Monte: «No juréis en ninguna manera... sea, pues, vuestro hablar: Sí, sí; no, no; porque lo que se añade a esto es del maligno» (Mateo 5:34, 37).

Jesús y la verdad

Jesús no sólo enseñó que debíamos decir la verdad: Él encarnó la verdad misma. Después de la traición, nuestro Señor fue llevado al principal de los sacerdotes, el cual le hizo preguntas.

Jesús le respondió: «Yo públicamente he hablado al mundo; siempre he enseñado en la sinagoga y en el templo, donde se reúnen todos los juídos, y nada he hablado en oculto. ¿Por qué me preguntas a mí? Pregunta a los que han oído, qué les haya yo hablado; he aquí, ellos saben lo que yo he hecho» (Juan 18:20-21).

Jesús no negó la verdad nunca, pero tampoco hizo ostentación de la misma. Su actitud más típica era dejar a los demás ver la verdad por sí mismos. No dijo a secas a sus discípulos que Él era el Cristo, por ejemplo; ellos se dieron cuenta de ello de manera gradual. Es de esta manera que Jesús vivió la verdad.

Es interesante hacer notar que, a pesar de las numerosas acusaciones que se le hicieron a Jesús, nunca fue inculpado de mendacidad. Sus enemigos decían que era blasfemo ya que Él se consideraba igual a Dios; le consideraban un hombre poseído por el demonio, le acusaron de trabajar el día sagrado de reposo, ya que había curado a enfermos en este día. Pero ni sus detractores más acérrimos le pudieron acusar de mentir, porque Jesús siempre decía la verdad.

Verdad y amor

No basta con sólo decir la verdad. La manera en que la decimos también es de importancia.

¿No conocemos todos a personas que dicen la verdad, pero de manera contundente? Conozco a un hombre que expresa su opinión sobre cualquier tema, sin importarle la impresión que causa en los otros. Se justifica alegando: «Los demás saben qué posiciones mantengo, y no me gusta andarme por las ramas.» Nadie le acusa de hipocresía ni de engaño, pero consideran que sus palabras están desprovistas de amor, compasión y amabilidad.

Los cristianos debemos decir la verdad. Pero Pablo dice: «Sino que siguiendo la verdad en amor, crezcamos en todo en aquel que es la cabeza, esto es, Cristo» (Efesios 4:15).

Cuando decimos la verdad sin cuidado y herimos al otro, estamos en el error. Cuando hablamos para menoscabar o humillar, el Espíritu Santo no habla por medio de nosotros. A veces la verdad misma hiere, y no siempre podemos evitarlo, pero lo que sí podemos hacer es tener cuidado con nuestros motivos para hablar.

Alguien me dijo hace tiempo: «El Espíritu Santo se comporta con caballerosidad. Un caballero nunca se comporta de manera brusca o poco amable.» Dios reviste la verdad de amabilidad. Esto nos lleva al siguiente principio:

PRINCIPIO 8:

LOS VERDADEROS LÍDERES DICEN LA VERDAD EN AMOR

Para algunos líderes puede que el mentir no sea una tentación. Pero para la mayoría es demasiado fácil abusar de la verdad. Necesitamos seguir el ejemplo de Jesucristo en esta área.

Él decía la verdad aun cuando el hacerse popular hubiera requerido una mentira. Decía la verdad aunque esto significara que le abandonaran las multitudes (Juan 6:66). Decía la verdad porque Él *es* la verdad y Él no puede negarse a sí mismo.

Para muchos, luchar por la veracidad puede que sea una lucha de toda la vida. Esto significa que debemos estar alerta y esforzarnos aún más. Tenemos ya el ejemplo del camino, la verdad y la vida delante de nosotros constantemente. Y podemos seguir recordando que los verdaderos líderes aman la verdad como la ama Dios.

CAPÍTULO NUEVE

PERDÓN

El 14 de noviembre de 1940 la Luftwaffe alemana bombardeó la ciudad inglesa de Coventry. Fue el bombardeo aéreo más largo que se hizo sobre Gran Bretaña durante la Segunda Guerra Mundial. Cuando terminó el bombardeo los habitantes vieron que su hermosa catedral estaba en ruinas.

Sin embargo, algunos de los residentes de la ciudad no se dejaron llevar por el espíritu de venganza al contemplar esta destrucción sin sentido de su lugar de culto. El día siguiente varios miembros de la congregación de esta catedral tomaron dos vigas quemadas de entre las ruinas, las ataron juntas y las pusieron en el lado este de la catedral, donde antes había estado el altar. Pusieron las vigas en forma de cruz. Los miembros escribieron dos palabras al pie de esta cruz: «Padre, perdónales».

Guardo en mi casa una réplica de esta cruz. La cruz original sigue todavía al lado de la catedral reconstruida. Espero que permanezca allí indefinidamente para recordar al mundo que aun en medio de la destrucción más absoluta podemos usar las palabras de Jesús: «Padre, perdónales, porque no saben lo que hacen» (Lucas 23:34).

81

Jesús el que perdona

Los primeros creyentes aprendieron a perdonar con el ejemplo de Jesús mismo. En el momento más sombrío de su vida, Él pidió al Padre que perdonara a sus verdugos. Un año más tarde, aproximadamente, el primer mártir cristiano conocido, Esteban, hizo lo mismo. Mientras caía, abatido por una lluvia de piedras, oraba: «Señor, no les tomes en cuenta este pecado» (Hechos 7:60).

Perdonar, no sólo significa «no te guardo rencor». Implica también que queremos que la persona o personas culpables reciban el perdón de Dios. A veces es difícil pedir este perdón a Dios y realmente querer que este ruego sea atendido. Pero los ejemplos de Jesús y Esteban muestran que se puede hacer.

Jesús también mostró el perdón cuando enseñó a sus discípulos cómo orar (Lucas 11:1-4). Hay personas que aunque repitan la oración dominical o Padrenuestro semana tras semana, no se dan cuenta de lo que realmente dicen. Pero si tomáramos las palabras de esta oración en serio, ¿cuántos tendríamos aún el deseo de decir esta oración? Cuando oramos: «perdónanos nuestras deudas (o transgresiones)», decimos a continuación: «como nosotros perdonamos...» Es evidente que pedimos a Dios que nos perdone de la misma manera en que nosotros perdonamos a los demás. ¿Queremos verdaderamente que esto sea así?

Por qué y cómo perdonar

Durante los años que han pasado desde mi conversión a Jesucristo, he ido pensando sobre el perdonar. He visto que Dios nos manda perdonar, tanto en el Antiguo como en el Nuevo Testamento, y no creo que Dios nos pidiera algo que no pudiéramos cumplir.

Un día entendí el significado de la frase «como nosotros perdonamos». Tiene que ver con nuestra comprensión del perdón. Entendí que sólo podemos perdonar a los demás *cuando nosotros mismos sabemos lo que significa ser perdonado.*

Es parecido al mandamiento que nos ordena amar a nuestro prójimo de la misma manera en que nos amamos a nosotros mismos. Los psicólogos nos recuerdan que no podemos amar a otros sin saber lo que significa ser amado. Si no hubiera sentido el amor de mis padres (o de otros), por ejemplo, no podría tener un concepto verdadero del amor —sobre todo en su aspecto abnegado y servicial—. Tengo que experimentarlo antes de poder expresarlo.

Los que hemos recibido a Cristo como Salvador, hemos experimentado el perdón. Así que podemos perdonar a los demás. Para entender cómo perdonar necesitamos estudiar el ejemplo de Dios.

En Juan 3:16-17 encontramos el porqué y cómo del perdón de Dios:

> «Porque de tal manera amó Dios al mundo, que ha dado a su Hijo ungénito, para que todo aquel que en Él cree, no se pierda, mas tenga vida eterna. Porque no envió Dios a su Hijo al mundo para condenarlo, sino para que el mundo sea salvo por Él.»

Puesto que Dios amó a las criaturas que había formado, proveyó para su salvación por medio de Jesucristo. El amor de Dios es el porqué del perdón: su Hijo es el cómo.

En Juan 8:1-11 la historia de la mujer adúltera muestra el perdón de Dios. Jesús le dijo: «Vete, y no peques más.»

Esta historia levanta la moral, pero a la vez nos puede desalentar. Fíjense en la admonición de Jesús a la mujer: «no peques más». Quería decir precisamente esto: *nunca más.*

Me gustaría creer que aquella mujer ya no cayó más en adulterio. Pero ¿qué pasó con sus otros pecados? ¿Perdía fácilmente la paciencia, era egoísta, decía mentiras, codiciaba? ¡Por supuesto que sí! Así que ¿le habría perdonado Jesús *de nuevo?*

En 1 Juan 2:1 la primera parte de la respuesta suena como las palabras de Jesús: «Hijitos míos, estas cosas os escribo para que no pequéis.» Esta frase expresa lo que Dios siempre quiere de su pueblo: «*No pequéis*.» Pero el resto de 1 Juan 2:1 nos muestra el concepto de la gracia: «y si alguno hubiere pecado, abogado tenemos para con el Padre, a Jesucristo el justo». Esto es el principio del perdón. Dios se opone al pecado, pero conociendo nuestra naturaleza caída, Él provee una manera por la que podamos reconciliarnos con Él.

El líder cristiano hace lo mismo. Se opone a las transgresiones de sus seguidores o detractores, pero es capaz de perdonar y reanudar la relación de amistad.

Perdonar y olvidar

Perdonar significa borrar una injusticia. En mi propia experiencia me he dado cuenta de que sólo he perdonado de verdad cuando el dolor causado por la injusticia ha menguado y ya no me siento tan afectado, o sea, cuando puedo hablar de la injusticia sin sentir la constricción del estómago y la fluctuación de la voz.

Una vez se va el dolor, el recuerdo del incidente se desvanece paulatinamente —sobre todo la parte que me ha afectado a mí—. Un día, por ejemplo, hablé acerca de un individuo a quien había conocido hacía diez años. El hombre me había herido mucho por algo que había dicho o hecho, pero, por extraño que pareciera, no podía recordar lo que había pasado. Traté durante unos segundos de hacer memoria y recordar el incidente, pero no pude. Fue entonces cuando me di cuenta: no me hacía falta recordar, porque le había perdonado. Di gracias a Dios interiormente por no haber podido acordarme del problema. Estaba contento de haberme acordado de la parte importante: la resolución.

Algunas personas, cuando se les pide que perdonen, dicen: «Te perdono, pero nunca lo olvidaré.» Me pregunto qué es lo que consiguen con no olvidar. Recordar significa mantener el incidente acuciante, vivo, por dentro; olvidar significa que desaparece el escozor.

Eunice, antigua misionera en Liberia, contó una historia sobre el perdón que me ha quedado grabada. Tenía un obrero lugareño que trabajaba para ella a destajo y un día le atrapó *in fraganti* robando ropa de su casa.

«Por favor, perdóneme», le suplicó a la misionera. «Hice mal. Prometo no hacerlo nunca más.»

Ella le perdonó y le permitió que siguiera trabajando. Pero antes de un mes el trabajador volvió a las andadas. «¿Cómo? ¿Otra vez robando?»

El trabajador, que era algo listo, la miró y respondió: «Pero ¿qué clase de cristiana es usted?»

Eunice quedó asombrada y no sabía qué responderle. «Si me perdonó, no puede acordarse del incidente», añadió el hombre; «y puesto que no se acuerda del incidente, éste no tuvo lugar».

A pesar de haber utilizado una lógica traída por los pelos, la historia me impresionó. He sabido de gente que dice que perdona, y cuando la otra persona se equivoca de nuevo, dicen: «¡Ah!, tal como pensaba.»

Una marca del liderazgo

Una marca verdadera del líder cristiano es su habilidad para perdonar. Cuando alguien falta a sus obligaciones, sobre todo cuando consideramos la falta hecha a propósito, lo mejor que podemos hacer es recordar las palabras de Jesús: «Ni yo te condeno; vete, y no peques más.»

Pero el perdón verdadero requiere la ayuda divina. La mayoría preferimos vengarnos, o al menos hacer ver que tenemos razón, antes de perdonar.

Sin duda, todos, en un momento u otro, hemos quedado heridos por algunas cosas poco amables que nos han dicho otros miembros de iglesia, compañeros de trabajo o nuestros empleados: a veces cosas que no son ciertas. Todos tenemos al menos un familiar que nos zahiere cada vez que le vemos, logrando ofendernos de una manera u otra. ¿Cómo podemos hacer frente a estas situaciones?

Podemos cavilar sobre lo que nos ha hecho el ofensor. Podemos enumerar una y otra vez todos sus puntos débiles, sus intenciones malvadas, su mezquindad. O podemos pedir «justicia» en voz alta cuando lo que verdaderamente queremos es que el que nos ofendió sufra con creces hasta arrepentirse, o que se cumplan todos nuestros pronósticos fatídicos con respecto a la persona en cuestión.

Podemos intentar vengarnos. Oí una vez un sermón sobre el tema «Cómo ajustar cuentas con nuestros enemigos». El pastor dijo algo parecido a lo siguiente:

> «La mayoría queremos ajustar las cuentas, y podemos hacerlo. Jesús nos mostró cómo. Él dijo: "Oísteis que fue dicho: Amarás a tu prójimo y aborrecerás a tu enemigo. Pero yo os digo: Amad a vuestros enemigos, bendecid a los que os aborrecen" (Mateo 5:43, 44). ¿Quieren ajustar las cuentas? Oren por los que son detestables, por los irreflexivos, los atolondrados, los rudos y los mezquinos.»

El pastor acabó el sermón advirtiendo: «Tengan cuidado en sus oraciones. No sólo logran cambiar a los demás, sino que a veces sale el tiro por la culata y somos nosotros mismos los que quedamos cambiados. ¡Esto es realmente ajustar cuentas!»

Si alguien hubiera tenido alguna razón para querer ajustar cuentas con sus enemigos, esta persona era Jesús. Pero cuando le llevaron delante del principal de los sacerdotes, el Señor ni intentó mostrar o probar su inocencia. Dijo: «Yo públicamente he hablado al mundo; siempre he enseñado en la sinagoga y en el templo, donde se reúnen todos los judíos, y nada he hablado en oculto» (Juan 18:20).

Más tarde, delante de Pilato, Jesús tuvo una segunda oportunidad para defenderse. Sin embargo, no hizo nunca el menor intento de defenderse de las acusaciones indignas, la falsedad de sus acusadores o lo pecaminoso de sus acciones. En el encuentro con Pilato no dijo nada en defensa propia (Juan 18:28-38). Ésta no es la acción típica de un hombre ultrajado; era el estilo de Jesús el perdonador.

Vías para la reconciliación

Los líderes efectivos son los que perdonan. Al fin y al cabo no podemos trabajar con otros si les guardamos rencor. Aquí se enumeran tres cosas que podemos hacer para allanar el camino que lleva a perdonar al prójimo:

1. *Examen de conciencia.* A veces tenemos que preguntarnos por qué guardamos rencor, por qué quedamos heridos y enojados. Como expresó un amigo temeroso de Dios: «Nadie puede herirnos los sentimientos salvo nosotros mismos. Los demás no hacen más que frotar una parte sensible de nuestra vida que no hemos entregado todavía a Jesucristo.»

Los demás pueden afectar nuestro sentimiento de inferioridad, nuestro temor de quedar mal, nuestro sentimiento de ser poco hábiles en nuestro trabajo. De hecho estas personas pueden hacernos un favor, ya que nos señalan las áreas de nuestro carácter que hace falta mejorar.

2. *Orar por nuestros enemigos.* ¿Por qué no escribir los nombres de nuestros detractores, rivales y críticos y referirlos a Dios cada día? No oremos: «Dios, por favor, redarguye a Juan para que recobre el sentido». En vez de esto, tenemos que orar: «Padre, ayúdame a entender a Juan. Haz que sea compasivo hacia él».

3. *Esperar la curación.* Tenemos que trabajar por la reconciliación. Podemos y debemos esperar que ocurra. Podemos enfrentarnos a cada agravio con la franqueza que dice: «Dios, sé que voy a perdonar lo que Juan me ha hecho». Puede ocurrir, si permitimos que ocurra.

PRINCIPIO 9:

LOS LÍDERES PUEDEN PERDONAR PORQUE YA HAN SIDO PERDONADOS

3 Parte

LAS TENTACIONES DEL LIDERAZGO

CAPÍTULO DIEZ

PODER

Según las reglas de algunos programas de entrenamiento para el liderazgo, Jesús lo hizo todo al revés. Su equivocación era su integridad constante. Nunca sonsacó ni engañó a nadie. Nadie podía equivocarse sobre sus intenciones. Los líderes religiosos de su época nunca fueron sinceros e investigaron sobre las intenciones de Jesús. Jesús les era una amenaza a ellos y a su autoridad. Se pusieron en contra suya desde el principio, porque sabían que amenazaba la base de su poder.

Muchas personas, cuando piensan en el liderazgo, piensan en términos de poder. Hace falta examinar este tema del poder, porque se aplica al liderazgo en la iglesia, negocios, instituciones de enseñanza, hogares —en todas las situaciones donde se encuentran reunidas dos o más personas—. Nos hace falta saber la manera en que Jesús se diferenciaba de los otros líderes en cuanto a su concepto y uso del poder.

Dos clases de poder

Cuando hablo de poder, estoy pensando en la habilidad para influir en el comportamiento de alguien y

91

modificarlo. Hay dos clases de poder en nuestra esfera humana:

Poder por la posición o cargo. Hace referencia a la influencia que los líderes tienen debido a sus posiciones en la iglesia, negocio o familia. Por ejemplo, un miembro accederá con más probabilidad a la demanda de su pastor que a la de cualquier otro miembro de la iglesia, si le pide la realización de alguna tarea.

Poder personal. Procede del carisma, la personalidad o habilidad del líder. Durante la Segunda Guerra Mundial, el primer ministro Winston Churchill ejercía un tremendo poder personal, que se veía en su habilidad para motivar a los ciudadanos ingleses.

En mayo de 1940, en las horas más sombrías de Gran Bretaña, Churchill hizo su primer discurso como primer ministro en la House of Commons. Su conclusión fue: «No tengo otra cosa que ofreceros sino sangre, sudor y lágrimas.» Toda la nación se sintió alentada y se puso a su lado como un solo hombre.

El presidente Franklin Roosevelt sacó a los Estados Unidos de una gran depresión económica y guió a su país durante la Segunda Guerra Mundial. Se le recuerda de manera especial por su declaración, que llegó a ser el foco de esperanza en aquellos tiempos difíciles: «No tenemos nada que temer sino al mismo temor.» Por medio de la fuerza de su propia personalidad, inspiró a los ciudadanos de su país la confianza en el futuro.

Hay peligros en el poder personal, por supuesto. Puede llegar a ser manipulativo. Los líderes pueden hacerse tiranos, como fue el caso de Jim Jones.

Ésta fue parte de una tentación a la que se enfrentó Jesús en el desierto (Mateo 4:1-11). El demonio le llevó a una alta montaña y le ofreció todos los reinos del mundo. Era un intento de manipularlo y estimular en Él la sed de poder. Aun el volver las piedras en pan también hubiera implicado una manipulación de las leyes de la naturaleza en provecho personal. El saltar del pináculo del templo hubiera sido, sin duda, un intento de influir al Dios el Padre para que bajara a salvar a su Hijo.

Juegos de poder

En la iglesia, hoy, los juegos de poder son en su mayoría verbales. No siempre ha sido así. A veces se presentaron en forma de castigos, como la excomunión total o parcial (o sea, evitar el trato de un miembro) que aún practican algunos, tortura física, y hasta la muerte.

Los líderes de hoy mantienen su poder principalmente por medio de:

- persuasión/manipulación;
- estimulación de sentimientos de culpabilidad, vergüenza o ignorancia;
- amenazas;
- humor cáustico que zahiere;
- apelaciones.

Examinemos cada uno de estos procedimientos.

Persuasión/manipulación

El infame Jim Jones de Jamestown (Guyana), es quizás el líder moderno que mejor ejemplifica este estilo de liderazgo. Persuadió a sus creyentes por medio de su personalidad carismática, y les inculcó de que él trabajaría para mejorar su vida.

Una vez los que creyeron en él se hicieron miembros de su Iglesia del Pueblo, los métodos persuasivos de Jones adoptaron a menudo una forma demónica de manipulación. La persuasión legítima utiliza la lógica, hechos, razones; la deformada utiliza otros procedimientos: hace sentir a la persona en cuestión que no es cooperativa («No querrá que la gente crea que usted no coopera y no hace todo lo que puede por Dios, ¿verdad?»); o hace sentir a la persona en cuestión que es poco razonable («Ya sabía que lo comprendería si hablábamos sobre este tema. Los demás le conocen como una persona no razonable, y yo les he dicho que usted no es un elemento perturbador»). Al final la manipulación de Jones le mató a él y a la mayoría de sus seguidores.

Esta perversión de la persuasión impide que los individuos piensen o actúen por sí mismos. En Juan 7:45-52, Nicodemo intenta defender a Jesús al preguntar si la ley puede juzgar a un hombre sin juicio previo. Los fariseos le hicieron callar, preguntándole: «¿Eres tú también galileo? Escudriña y ve que de Galilea nunca se ha levantado profeta» (7:52). Nicodemo quedó aplastado, los demás se echaron todos sobre él. Habría quedado como un tonto si hubiera dicho algo más. Ésta es una táctica utilizada a menudo por los líderes manipulativos.

¿Culpabilidad? ¿Vergüenza e ignorancia?

Estoy convencido de que en las iglesias éste es el tipo de poder que más prevalece. Los líderes, a veces sólo por medio de la categoría de su oficio, tienen la habilidad de ocasionar sentimientos de culpabilidad, vergüenza e ignorancia en los demás. Y lo hacen de manera sutil.

Por ejemplo, hacía tres semanas que Anna no había asistido a las clases de la escuela dominical para adultos. Su profesor la ve por la calle y dice: «¡Anna! ¿Dónde has estado? ¡Hace tres domingos que no te veo!» Por una parte esta frase muestra preocupación genuina. Pero, a la vez, pide una respuesta: hace una demanda sobre Anna. Cuando el profesor pregunta: «¿Donde has estado?», Anna debe contestar como un colegial que ha hecho novillos. Tanto si es consciente o no, se le hace tener un sentimiento de culpabilidad.

A veces los líderes hacen ver a los que no están de acuerdo, que son tontos. «Si supieras todos los datos lo verías de manera diferente», viene a decir el líder. Esto implica falta de conocimientos, a la vez que una acusación implícita de ser poco razonable; así que el individuo tendrá menos tendencia a hacerle preguntas.

Si un trabajador ha tenido algún fallo, pequeño o

grande, el líder que juega con el poder puede decir: «No quiere fracasar de nuevo, ¿verdad?» Algunos líderes lo harán con más delicadeza, pero sus palabras recordarán al seguidor equivocaciones anteriores con todo el sentimiento de vergüenza que esto implica, y hasta también de culpabilidad.

Amenazas

En el mundo del trabajo, las amenazas en cuestiones de dinero del líder obligan a menudo a los demás a someterse o a marchar. El miedo de ser despachado, de no recibir el aumento de sueldo prometido, o de recibir recomendaciones poco favorables en el informe anual de la compañía, puede utilizarse para mantener a los empleados bajo control.

A veces la amenaza no tiene que ser llevada a cabo por el mismo líder. Se usa a otros para que sean «los malos»:

- «Bueno, si quiere que los demás le tomen por tonto, siga insistiendo en esta idea.»
- «Yo no tengo nada en contra de su idea, personalmente, pero usted sabe que el resto de la congregación (o junta o comité) no la va a aceptar, ¿no?»
- «Yo le acompañaré al comité, pero si se nos echan a reír en las narices no me eche la culpa.»
- «Muchos tienen el plan de hacerle anciano de la iglesia, pero si empiezan a creer que arma maraña, dudo que el plan siga adelante.»

La utilización de las amenazas no es reciente como abuso del poder del líder. En Juan 9, después que Jesús hubo sanado al ciego, los fariseos hicieron presión para que los padres del ciego les ayudaran en su campaña contra Cristo:

«(Los fariseos) llamaron a los padres del que había recibido la vista, y les preguntaron, diciendo: "¿Es éste vuestro hijo, el que vosotros decís que nació ciego? ¿Cómo, pues, ve ahora?" Sus padres respondieron y les dijeron: "Sabemos que éste es nuestro hijo, y que nació ciego; pero cómo ve ahora no lo sabemos, o quién le haya abierto los ojos, nosotros tampoco lo sabemos; edad tiene, preguntadle a él; él hablará por sí mismo." Esto dijeron sus padres, porque tenían miedo de los judíos, por cuanto los judíos ya habían acordado que si alguno confesase que Jesús era el Mesías, fuera expulsado de la sinagoga» (Juan 9:18-22).

Humor cáustico que menoscaba

Éste puede ser el juego de poder más cruel. El líder se mofa de las sugerencias de la víctima, de modo que parece que no tienen valor. El líder normalmente mantiene una sonrisa en la cara, y la voz permanece agradable y amistosa; si, como resultado, alguien protesta, puede responder lo siguiente:

- «¿No puede tolerar un poco de broma? ¿Por qué se incomoda así?»
- «Eso va de broma, hombre.»
- «¡Ja, ja! De veras, Tom, tienes un sentido del humor excelente, así que no creo que lo digas en serio. Sigamos adelante.»

Un amigo mío se dio cuenta de este juego de poder cuando trabajó unas vacaciones de Navidad en un albergue para estudiantes internacionales. Mi amigo sonreía mucho y todo parecía que iba bien. Pero un día, dos jóvenes estudiantes del Oriente Medio le dijeron: «Tú sonríes siempre, y esto significa que estás contento y te acomodas, ¿verdad? Dices que no tenemos que participar en todas las excursiones que has planeado, y sigues con la sonrisa. Pero si no vamos, nos dejas ver con tus palabras que no te ha gustado y sigues sonriendo todo el rato, aun cuando nos dices cosas como: "Estoy seguro que no estás tan cansado que no puedas ir." Perdónanos, pero no lo entendemos.»

Mi amigo se dio cuenta entonces de su error. De manera inconsciente había querido que todo el mundo participara en las excursiones, aunque les había dicho algo distinto. Sus palabras irónicas, acompañadas por la sonrisa, habían confundido a los estudiantes. «Fue una lección valiosa para mí», reconoció. «Fue entonces cuando me di cuenta de lo que hacía para imponer mi voluntad a los demás.»

Apelar

A veces los líderes no hacen más que hacer apelaciones o llamadas. Sus ruegos puede que no suenen así, pero son de hecho apelaciones a la lealtad, simpatía o jerarquía:

- «Soy su pastor. Usted lo sabe, y espero que no crea que vaya a hacer algo equivocado adrede.»
- «Usted sabe que el comité no hace más que *aconsejar*, la decisión final me corresponde a mí.»
- «¡Mire!, cuando se hizo miembro de la iglesia (o se hizo maestro de la escuela dominical, o fue elegido para diácono), prometió someterse a la autoridad y la disciplina de la iglesia. Como su amigo y su líder, le ruego...»
- «Hago todo lo que puedo. Había contado con su apoyo. Usted es una persona muy espiritual. Tengo en mucho su opinión.»

Estas citas hablan por sí mismas.

La respuesta de Jesús al poder

El mejor sitio para ver la manera en que Jesús utilizó el poder es quizás Juan 13. Este capítulo nos deja ver que, después de haber comido Jesús con sus discípulos antes de ser crucificado, les lavó los pies. En aquella época el criado de menos rango (o el criado a quien el amo quería humillar) era el que lavaba los pies a los huéspedes.

«Así que, después que les hubo lavado los pies, les dijo: ¿Sabéis lo que os he hecho? Vosotros me llamáis Maestro y Señor, y decís bien, porque lo soy. Pues si yo, el Señor y el Maestro, he lavado vuestros pies, vosotros también debéis lavaros los pies los unos a los otros. Porque ejemplo os he dado, para que como yo os he hecho, vosotros también hagáis. De cierto os digo: El siervo no es mayor que su señor, ni el enviado es mayor que el que le envió. Si sabéis estas cosas, bienaventurados seréis si las hiciereis» (Juan 13:12-17).

Esto es la fuente del poder legítimo: servicio y sumisión a los demás. Pablo dijo que todos los mandamientos «en esta sentencia se resumen: Amarás a tu prójimo como a ti mismo» (Romanos 13:9).

Muchos líderes imponen su poder. Los líderes en ciernes suspiran por el poder, y cuando lo obtienen, siempre quieren más.

Jesús enseñó lo contrario. Según Él, el camino hacia arriba es el que va hacia abajo. La manera de llegar a ser amo es hacer de siervo. La manera de llegar a ser importante es la abnegación. La manera de llegar a la exaltación es tomar la cruz a diario y seguirle (Lucas 9:23).

Poder, miedo y amor

En el tratado del siglo dieciséis titulado *El príncipe*, el filósofo y estadista Niccolo Machiavelli abogó por la monarquía absoluta. También se hace una pregunta vital: si es mejor tener una relación fundada sobre la base del amor (como en el poder personal) o del miedo (como en el poder de posición). Dijo que lo que mejor funciona es tener los dos. Pero cuando esto no es posible, el poder debe basarse en el miedo; de manera general, se mantiene en pie más tiempo, y los que se encuentran dentro de la relación saben que les va a costar algo salir de la misma. El poder basado en el amor, dice Machiavelli, tiende a ser de poca duración, ya que el seguidor no tiene miedo de represalias.

Machiavelli puso en palabras el principio por el que se rigen muchos líderes. Sin embargo, Jesús el líder nunca recurrió a la explotación del miedo. En vez de esto, Jesús enseñó la importancia incontestable del amor. En la noche de su traición, cuando estaba todavía en el aposento alto, dijo a sus discípulos:

> «Un mandamiento nuevo os doy: Que os améis unos a otros; como yo os he amado, que también os améis unos a otros. En esto conocerán todos que sois mis discípulos, si tuviereis amor los unos con los otros» (Juan 13:34-35).

En la primera carta de Juan, el apóstol escribe sobre el miedo y el amor:

> «Dios es amor, y el que permanece en amor, permanece en Dios, y Dios en él. En esto se ha perfeccionado el amor en nosotros, para que tengamos confianza en el día del juicio; pues como Él es, así somos nosotros en este mundo. En amor no hay temor, sino que el perfecto amor echa fuera el temor, porque el temor lleva en sí castigo» (1 Juan 4:16-18).

Jesús obtuvo su poder de Dios. Ejerció este poder por medio del amor. Extendió su poder a su pueblo, así como la mejor protección contra el abuso del mismo: el mandamiento de amarnos el uno al otro. Si como líder yo amo a mi pueblo, nunca trataré de manipularlos o explotarlos. Tendré presentes sus necesidades y haré lo que pueda por ellos.

La toalla y la cruz son los símbolos del cristianismo. La toalla simboliza el servicio; la cruz, la obediencia. Ambos son señales del liderazgo cristiano porque dan testimonio del estilo de liderazgo de Jesús.

Muchas veces Jesús podría haber utilizado a la gente para sus propósitos. En vez de esto les llevó a que se vieran a sí mismos, como hizo con la mujer junto al pozo, con la mujer adúltera y con Nicodemo. Una vez se hubieron visto interiormente, les reveló su amor y poder redentor. Es así que funciona el liderazgo con integridad, utilizando el poder para satisfacer las necesidades de los otros, no las propias.

Así que llegamos a nuestro siguiente principio de liderazgo:

PRINCIPIO 10:

LOS LÍDERES RECIBEN SU PODER PARA OBEDECER A DIOS Y SERVIR A LOS DEMÁS

CAPÍTULO ONCE

EL YO

Un bien conocido orador que había salido muchas veces por la televisión, fue invitado a dar una conferencia en la reunión anual de una organización muy prestigiosa. El organizador de la reunión le había llamado por teléfono y confirmado por carta los deseos que todos tenían por escucharle: «Todos esperamos vivamente que usted podrá venir a hablarnos. Se quedaría sorprendido del número de veces que nuestros miembros le citan, y la unanimidad con que se decidió su selección como orador.»

Llegó el día de la reunión. El orador llegó un poco antes de la ceremonia oficial. Puso su nombre en el registro oficial y recibió una etiqueta con su nombre, pero nadie le hizo el menor caso.

Cinco minutos antes de la hora en que tenía que hablar, preguntaron por los altavoces: «¿Ha llegado ya...?»

Más tarde el orador me confesó que se sintió algo mohíno, puesto que nadie parecía reconocerle. «Quería irme de aquel sitio», me dijo. «Me habían halagado tanto antes de llegar, y cuando llego ni siquiera me dicen buenos días.» Hasta tuvo dificultad en esconder su enojo durante el curso del mensaje.

El ego de Jesús

Jesús nunca dio la impresión de haberse molestado cuando la gente no le reconoció. Esquivó de modo general todo alarde y toda publicidad.

Una vez, Felipe instó a Natanael a ir y conocer a Jesús (Juan 1:46-51). Cuando Natanael supo de dónde procedía Jesús, dijo: «¿De Nazaret puede salir algo bueno?» (v. 46).

Jesús nunca reprendió a Natanael por esto. El Señor era conocido por todo el país, pero no se mostró ofendido por no haber sido reconocido. Habló con Natanael, y cuando acabaron, Natanael dijo: «Rabí, tú eres el Hijo de Dios; tú eres el rey de Israel» (v. 49).

Conociendo ya sus prácticas habituales podemos asumir que Jesús no le había anunciado: «Soy el Mesías.» Muy probablemente ni siquiera insinuó que lo era. Jesús el líder se concentró en enseñar, predicar y manifestar el propósito de su venida. Dejó que los oyentes mismos descubrieran su identidad.

Por doquier que viajaba Jesús, no esperaba ni flámulas, banderines, comités de recepción, ni un solo honor especial. Su ego no buscaba la satisfacción procedente de la veneración y admiración de los otros hacia su persona, o bien que se le rindieran honores. Dijo: «Gloria de los hombres no recibo» (Juan 5:41). Vino con una misión y un mensaje —llevar a las personas al Padre—, no con la intención de apropiarse de la posición de otro.

Cuando los discípulos le invitaron a comer, la tarde que estaba sentado cerca del pozo, Jesús dijo: «Mi comida es que haga la voluntad del que me envió, y que acabe su obra» (Juan 4:34). Esta frase críptica no significaba que no tenía hambre, sino que sus propias necesidades estaban subordinadas a la misión que su Padre le había confiado. Ejerció liderazgo sobre los discípulos para que también cumplieran la labor del Padre.

Cuando miramos a los líderes de hoy, pocas son las veces que vemos el estilo no egocéntrico de Jesús. Él vino con la misión de un servidor: cumplir la voluntad del Padre; y no para ser una celebridad.

El liderazgo requiere que los hombres y mujeres se den cuenta de lo que tienen que hacer y trabajar para conseguirlo. Puede que suene simplista; sin embargo, muchos de los que aspiran a ser líderes, en vez de entregarse a su trabajo, sueñan con lo que podrían hacer, o lo que van a hacer, en el futuro. O esperan que cada acierto suyo sea debidamente reconocido.

Incluso cuando las personas se entregan al trabajo, esperan recompensa por el mismo. Si un líder logra algo para su compañía, espera ser compensado y felicitado. Cuando no es así, se siente ofendido o habla a los demás de sus «derechos». Se olvida del ejemplo de Jesucristo.

Atribuirse el crédito

Una mujer cristiana que trabajaba en una editorial, tenía el puesto de asistenta de la editora. Repasaba los manuscritos después de que su editor los había leído, para corregir las faltas gramaticales y ortográficas.

La editora, una mujer poco competente, se dio cuenta de que la asistenta era más eficaz que ella misma e iba delegando más y más el trabajo editorial en la mujer cristiana. Al final era la asistenta quien hacía la mayor parte del trabajo, aunque era la editora quien recibía el crédito.

Un día la editora tuvo una discusión con su jefe y amenazó con dimitir si no se accedía a una demanda suya. El jefe respondió: «Más vale que se vaya. Su asistenta ha estado haciendo todo su trabajo.»

«¿Fue ella quien se lo dijo?», gritó la editora.

«No hacía falta que me lo dijera ella», respondió el jefe. «Hace meses que me he dado cuenta, y me preguntaba cuándo le daría usted el crédito que se merece.»

El final de esta pequeña historia verdadera es que la asistenta de la editora llegó a ser editora. Trabajaba bien y no esperaba reconocimiento. Cuando el jefe, hombre no convertido, le preguntó por qué trabajaba tanto sin decir nada sobre los méritos de lo que estaba haciendo, citó Colosenses 3:23-24: «Y todo lo que hagáis, hacedlo de corazón, como para el Señor y no para los hombres, sabiendo que del Señor recibiréis la recompensa de la herencia, porque a Cristo el Señor servís.»

«Tomé la resolución de no buscar mi propia gloria», dijo al grupo semanal de estudio bíblico con quienes se reunía. «Soy ambiciosa, y no creo desagradar a Dios con esta característica. Pero prometí a Dios que no avanzaría mis ambiciones personales socavando a otro. Cuando me di cuenta de lo que la editora estaba haciendo, dije a Dios que haría el mejor trabajo que pudiera y dejaría que el reconocimiento lo decidiera Él.»

Dos años más tarde el jefe dijo a la señora cristiana: «No sé mucho sobre la religión, pero sé una cosa: si hay alguien cristiano, usted lo es de sobras.»

Esto es el liderazgo —el *verdadero* liderazgo—. Tiene lugar cuando las personas quieren realizar un trabajo y no se preocupan de recibir el crédito.

Reconocimiento: una calle de circulación en dos sentidos

Los líderes competentes, como aprecian los méritos de cada persona, quieren reconocer a los que les ayudan. No se arrogan lo que otros merecen. Cuando acusan el reconocimiento que se les hace de sus logros, los líderes añaden: «Pero no podría haberlo hecho sin la ayuda de...» Y lo dicen de veras.

Los verdaderos líderes se reconocen parte de un equipo. No buscan satisfacer su ego; sin embargo, si se distribuyen recompensas, quieren recibir lo que merecen.

Estar a la vista del público está bien. Los verdaderos líderes no se esconden de las aclamaciones que merecen. No se sienten incómodos ni tienen la necesidad de decir: «¿Quién, yo? Si yo no he hecho nada especial.» Estas palabras vienen a menudo de los que fingen humildad. Lo que sospecho es que quieren *más* reconocimiento por lo que han realizado y que se evalúen más sus méritos.

Un líder dijo sabiamente: «Cuando hago un buen trabajo, lo sé. Por supuesto, cuando se me reconoce el mérito, me alegro. Pero lo hago lo mejor que puedo porque es mi trabajo. Me he entregado a mí mismo y mi trabajo a Dios.»

Poco importa el tipo de liderazgo que ejerzamos —estar ante una congregación, guiar una familia, dirigir una campaña promocional de ventas, o en la abogacía—; como cristianos, todos servimos a Jesucristo. Jesús dijo que no recibiremos la gloria de Dios si aceptamos la gloria de los hombres, y que si actuamos sólo por el reconocimiento de los demás no obramos por motivos adecuados. Lo que debemos buscar es el beneplácito de Dios.

¿Qué pasa cuando los demás no reconocen nuestro trabajo? Si lo ven, pero no lo aprecian debidamente, ¿seguiremos nuestra marcha adelante? Jesús podía decir que sí. No todos nosotros podríamos decir lo mismo, puesto que tenemos en demasiado el reconocimiento de nuestros iguales.

El líder seguro

Cuando un líder cristiano destacado asume su posición, promete tácitamente hacer lo mejor para su iglesia o compañía. Ocupa la posición porque alguien o un comité le considera capaz, y al aceptar la responsabilidad, promete producir los resultados deseados. Otra manera de decir esto se encuentra en las palabras del apóstol Pablo, que escribió: «Ahora bien, se requiere de los administradores que cada uno sea hallado fiel» (1 Corintios 4:2).

Los verdaderos líderes tienen, asimismo, suficiente seguridad y fuerza propias para saber lo que son y lo que pueden hacer. No temen perder su posición. No permiten que las personas de poca escrupulosidad les vayan minando el terreno, pero no se preocupan de verse sin el honor de su posición. Han aprendido a seguir la exhortación de Pablo:

> «Por nada os inquietéis, sino que sean presentadas vuestras peticiones delante de Dios mediante oración y ruego con acción de gracias. Y la paz de Dios, que sobrepasa a todo entendimiento, guardará vuestros corazones y vuestros pensamientos en Jesucristo» (Filipenses 4:6-7).

El vicepresidente de una compañía estaba en un estado de nerviosismo continuo. Se ponía aún más nervioso cuando el presidente hablaba más de dos minutos con alguien en su oficina. El vicepresidente no tardaba en abordar a la persona y preguntarle lo que había pasado durante su conversación con el presidente. Él pensaba hacerlo de manera sutil, pero todo el personal se dio cuenta de que el vicepresidente temía que el presidente dijera algo a otro empleado que socavara su propia posición.

Hay una característica interior, una característica que se relaciona con el ego, típica del verdadero líder cristiano. Tiene tanta seguridad en sí mismo y en su relación con Jesucristo, que no tiene que competir con nadie.

¿Puede uno no ser competitivo y a la vez sobresalir? ¡Sí! Una de las mejores ilustraciones de esto que se me ocurren es el caso de los gemelos Mahre, Steve y Phil. Competían en esquí en el *slalom* gigante de las Olimpiadas de Invierno de Sarajevo de 1984. Aunque hermanos, habían sido competidores durante toda su vida. En las finales olímpicas, Phil esquió antes que su hermano y sacó el mejor tiempo. Cuando le llegó el turno a Steve para bajar, Phil le advirtió a su hermano de los problemas que presentaba la pista, sobre todo que resbalaba mucho al final. No habló como competidor que quería mantenerse en primera posición, sino como un hombre que quiere lo mejor para su hermano. Steve obtuvo el segundo premio, y los dos gemelos se pusieron uno al lado del otro en la ceremonia de premios para recibir las medallas de oro y de plata.

Cuando los periodistas preguntaron a Phil qué tal le parecía ser campeón, dijo más o menos lo siguiente: «Hice todo lo que pude. Participo en el deporte porque disfruto haciéndolo.»

Esta actitud es la que tipifica al verdadero líder. Se ganan posiciones de liderazgo, pero no temen a los que pueden ser mejores que ellos.

PRINCIPIO 11:

LOS LÍDERES QUE ESTÁN SEGUROS EN JESUCRISTO NO TIENEN NADA QUE TEMER

CAPÍTULO DOCE

IRA

Varios cristianos habían estado hablando de su fe con un musulmán. El musulmán les había hecho muchas preguntas, y una de las más difíciles había sido la siguiente: «¿Por qué cuando yo les grito a mis hijos ustedes lo llaman ira, pero si ustedes los cristianos lo hacen lo llaman indignación justificada? ¿Dónde está la diferencia?»

He oído esta misma pregunta con respecto al comportamiento de Jesús en el templo cuando echó a los cambistas. Normalmente le consideramos indignado justificadamente, no sólo iracundo. ¿Dónde está la diferencia?

Para obtener la respuesta y ver el papel que ha de tener la ira en la vida de un líder necesitamos examinar el incidente que tuvo lugar en el templo. El Evangelio de Juan narra la historia en 2:13-22. Aunque Juan no da un nombre explícito a los sentimientos de Jesús, el Señor estaba enojado, y lo mostró.

Alboroto en el templo

Jesús hizo cuatro cosas en el templo aquel día: empuñó un azote, ahuyentó a los animales, tiró el dinero de los cambistas por el suelo y volcó sus mesas. No queda historiado otro incidente en todo el ministerio de Jesús que dé muestras de ira tan evidentes.

Si queremos saber por qué Jesús actuó de esta manera, hemos de entender todas las implicaciones que tenía el cambiar moneda en el templo. La Pascua judía era la mayor de todas las celebraciones judías. La ley decía que cada varón judío que vivía a menos de la distancia de veinte millas de Jerusalén estaba obligado a asistir. Además, acudían como peregrinos judíos de la dispersión de todo el mundo conocido. Se calcula que en el primer siglo el número de personas que formó parte de esta ceremonia fue de unos 2 millones.

La ley obligaba a cada varón de más de diecinueve años al pago de un impuesto especial para subvencionar los sacrificios rituales que los sacerdotes celebraban en el templo. Este impuesto era pagado en siclos galacios o un siclo especial del santuario, ya que ninguna otra moneda se consideraba apta para el rito. Las monedas de otras naciones, aunque utilizadas en el comercio diario de Jerusalén, no lo eran para el impuesto. Ya que los peregrinos venían de todas partes del mundo con monedas distintas, los cambistas habían llegado a ser figuras conspicuas en los patios del templo.

Si hubieran sido honrados, los cambistas no habrían hecho más que cumplir su oficio. Pero cobraban tarifas exorbitantes para hacer el cambio; los estudiosos calculan que el negocio producía unos 200.000 dólares al año.

Los vendedores de animales también abrían sus tiendas en el templo. La ley sólo permitía el sacrificio de animales *perfectos*; así que cuando los inspectores examinaban los animales que los creyentes llevaban al sacerdote, declaraban a la mayoría no aptos. Esto les obligaba a comprar otros animales a precios exagerados.

Estas dos prácticas ya eran injustas si las consideramos bajo el criterio del mundo. Pero, perpetradas en nombre de la religión y con el consentimiento evidente

110

de los líderes religiosos, eran a todas luces aún más repelentes.

Jesús se enojó al ver lo que estaba pasando en el templo. Los mercaderes habían difamado la casa de Dios. Se enriquecían sin el menor escrúpulo a costa de personas que a menudo apenas podían pagar.

Así que Jesús les echó fuera. ¿Por qué? Para hacerles ver que el templo era una casa de oración. Marcos 11:17 dice: «Mi casa será llamada casa de oración para todas las naciones.» La compra y venta de animales tenía lugar en el Patio de los Gentiles —el único sitio donde los que no eran gentiles podían entrar—. Si los gentiles en busca de Dios hubieran querido orar o meditar no habrían tenido dónde ir. En el patio había una algarabía constante de comerciantes en medio de bueyes, cerdos y palomas.

También es posible que Jesús quisiera hacer saber que los sacrificios animales ya no agradaban a Dios. Podemos ver cómo Dios consideraba esta práctica en pasajes como Isaías 1:11, 13: «¿Para qué me sirve, dice Jehová, la multitud de vuestros sacrificios? Hastiado estoy de holocaustos de carneros y de sebo de animales gordos. No quiero sangre de bueyes, ni de ovejas, ni de machos cabríos... No me traigáis más vana ofrenda.» Otros pasajes del Antiguo Testamento, como Jeremías 7:22, Oseas 5:6 y el Salmo 51:16, vienen a decir lo mismo.

Jesús mostró ira aquel día. Llamémosle ira justificada, pero no mera indignación.

Otras referencias a la ira

Otro incidente de la vida de Jesús muestra claramente su capacidad de airarse. Un hombre deseaba que Jesús le curara en el día de sábado. Los líderes judíos le estaban observando, porque si Él curaba al hombre, estaría «trabajando» y lo podían condenar según la ley. Marcos 3:5 dice: «Y después de echarles una mirada alrededor con ira, entristecido por la dureza de sus corazones, le dijo al hombre: "Extiende tu mano." Y él la extendió.» A pesar de la oposición, Él curó al hombre de la mano seca.

En ninguno de estos dos incidentes se mostró Dios descontento de las acciones de su Hijo. De hecho, no hay ningún sitio en la Biblia donde Dios condena a alguien por el hecho de estar enojado. Puede condenarnos por las acciones que hacemos cuando montamos en cólera: si nuestra cólera hace daño u obra una crueldad, hemos pecado claramente. Pero la capacidad de sentir ira es una característica que Dios mismo mostró.

Varias veces en el Antiguo Testamento se habla de la ira de Dios: Deuteronomio 1:37; 4:21; 9:8, 20; 1 Reyes 8:46; Salmo 2:12; 79:5; 85:5; Isaías 12:1. Pablo separa la ira del pecado en Efesios 4:26: «Airaos, pero no pequéis; no se ponga el sol sobre vuestro enojo.»

No se dice en ningún sitio en la Biblia que no debemos enojarnos. Pablo ruega que los que sean elegidos al oficio de obispo no sean de cólera fácil. Yo lo interpreto como que no deben ser personas que montan en cólera fácilmente. Es normal que los cristianos, incluso los líderes, se enojen. Como me dijo un amigo mío: «Sólo hay dos tipos de personas que nunca se enojan: los que están muertos físicamente y los que están muertos emotivamente.» Pero para que los seguidores de Jesús puedan airarse, la ira debe ser *correcta*.

Ira sana

La ira sana —que se dirige contra la injusticia, la maldad y el pecado— es apropiada en su lugar. Aquí se citan unos ejemplos:

• En 1981 se creó una organización llamada MADD (sigla que significa «ira» en inglés. Nota del traductor) —Madres Contra Conductores Borrachos— porque una madre, Candy Lightner, perdió a una hija cuando el coche en que ella iba fue embestido por un conductor borracho. La señora Lightner comunicó su ira a otros padres que habían perdido a sus hijos en condiciones parecidas y MADD no tardó en hacerse un movimiento de actividad nacional.

• La ira contra el maltrato de los niños ha logrado llevar este problema a la atención de muchos que no se habían enterado de su extensión y frecuencia. Ahora se está tratando de legislar las medidas efectivas para frenar este maltrato y ayudar psicológicamente a los que fueron maltratados cuando niños.

• Mujeres humilladas y llenas de ira han hecho saber que la violación es un acto brutal, violento, no de pasión, y que no han provocado el ataque. Hay una nueva determinación en la lucha por desarraigar este tipo de violencia.

• La ira que el abuso de la droga ha ocasionado, ha suscitado el interés vivo de muchos, que están decididos a suprimir el tráfico de estupefacientes y ayudar a los adictos. Queda mucho por hacer, pero se han realizado muchas cosas en este sentido.

Han nacido muchos movimientos de reforma cuando ha habido personas valerosas que se sintieron con ira —con suficiente ira como para tomar las medidas adecuadas—. Consideren la ira fulminante de dos adalides de la lucha contra la esclavitud: Harriet Beecher Stowe, que escribió *La cabaña del Tío Tom*, a un lado del Atlántico; y William Wilberforce, al otro lado del Atlántico, que se metió en la brega con discursos iracundos. Como dijo John Wesley: «Dadme cien hombres que no teman sino a Dios, y que no odien sino el pecado, y que no conozcan sino a Jesucristo y su crucifixión, y haré estremecer la tierra.»

Ira poco sana

La mayoría no somos tan nobles con nuestra ira. Nuestro descontento lo mostramos con maneras poco cariñosas, y nuestra «indignación» no está ni mucho menos justificada. Nos enojamos por razones como las siguientes:

- Nos sentimos frustrados. Es un hábito que empieza con los arrebatos de cólera o rabietas cuando niños, pero no se acaba con la niñez.
- Estamos preocupados. Sentimos que algo o alguien nos amenaza a nosotros, a los que amamos o a nuestras posesiones.
- No nos tenemos en mucho o sentimos que hemos fracasado. A menudo nuestra ira se vuelve interior y acabamos con una depresión.
- Somos (o pensamos que somos) tratados de manera poco justa. Pasa algo que «sentimos» que no está bien.

La mayoría no estamos probablemente satisfechos con la manera en que tratamos la ira. Algunos somos por naturaleza más irritables que otros y, por una palabra o hecho poco amables montamos en cólera, decididos a responder con la misma moneda. Otros me recuerdan a un fuego que arde lentamente y va acumulando calor bajo la superficie hasta que un incidente hace saltar la llama fuera de control. Tanto si somos de un tipo como del otro, debemos aprender a controlar nuestra ira pensando en nosotros mismos y en aquellos a los que guiamos. Los líderes no son, por supuesto, los únicos seres humanos inclinados a la cólera, pero nuestro papel conlleva un estrés poco habitual y es posible que los efectos de una «explosión» afecten a muchos.

Cómo tratar la ira

El primer paso para controlar la ira es admitir la responsabilidad de nuestras reacciones. Puede que suene como algo de poca importancia, pero conozco a muchos que dicen no poder contener su ira, y dan a continuación una ristra de explicaciones que justifican su falta de control:

- Soy pelirrojo, lo que indica que tengo mal genio.
- Soy de ascendencia mediterránea y la sangre nos hierve fácilmente.

114

- Vengo de una familia de mal genio.
- Quiero que la gente sepa lo que pienso. Digo las cosas como son, a pesar de que alguien se sienta ofendido.

El segundo paso para controlar la ira es entender la manera en que la ira nos afecta. La ira ocasiona cambios físicos, ya que el cuerpo se prepara para la lucha. La adrenalina entra en el sistema circulatorio, la tensión arterial aumenta y el corazón va más deprisa. La sangre se coagula con más rapidez que la normal, en caso de quedar herido. Se dilatan las pupilas, se nos tensan los músculos, y el sistema digestivo puede constreñirse ocasionando dolores abdominales severos.

La ira, en una palabra, nos moviliza y prepara para la acción. Pero ya que la ira lleva pocas veces a un intercambio de golpes, la mayor parte de esta tensión se mantiene dentro y causa a menudo problemas físicos a largo plazo. Así que no nos hacemos un favor al montar en cólera. El darse cuenta de esto puede estimularnos a actuar de manera menos extrema.

Un tercer paso para llegar a la ira sana es pensar en la historia de Jesús al purificar el templo. Se airó y actuó en consecuencia. Pero controló su ira, y la dirigió hacia un propósito: deshacerse de los que profanaban el templo.

Ésta es una característica de la ira buena: queda «dirigida». La ira fuera de control, que arremete contra todo y todos, no forma parte del estilo de liderazgo de Jesús.

Finalmente, la ira buena se manifiesta en medidas correctivas. La ira buena se dirige contra problemas, no contra personas. La mayoría hemos oído el dicho antiguo: «Amar al pecador, odiar el pecado.» Es de esta manera que opera la ira buena. No ataca el valor del individuo, sino que ataca sus acciones equivocadas.

Sin embargo, esto no significa que debemos negar la ira que sentimos. Hay demasiados líderes, especialmente líderes cristianos, que intentan reprimir su ira. Admiten sólo que «Me sentí perplejo», o «Me sentí disgustado». Pero sólo podemos mantener la tapadera sobre la ira contenida durante un rato. No tardará en volar, a veces en las situaciones más inapropiadas.

Con la ayuda de Dios, y teniendo en cuenta el ejemplo de Jesús, podemos controlar la «temperatura» de nuestras reacciones y dirigir nuestra ira por cauces apropiados. Cuando lo hacemos así, edificamos nuestro espíritu y llegamos a ser mejores líderes.

PRINCIPIO 12:

AL IGUAL QUE JESÚS, LOS VERDADEROS LÍDERES EXPRESAN LA IRA DE MANERA CONSTRUCTIVA

4 Parte

LOS PROBLEMAS DEL LIDERAZGO

CAPÍTULO TRECE

LA BÚSQUEDA DE AYUDA

Cuando alguien considera de manera seria presentarse en una campaña electoral, este candidato intenta averiguar el interés que suscitaría su candidatura en el público. Cuando alguien empieza un nuevo negocio, tiene que preguntarse: «¿Comprará la gente nuestro producto? ¿Qué parte del mercado podemos esperar conseguir?» Cuando decidí escribir este libro, me hice dos preguntas, ya que sabía que todo buen editor se las haría también: 1. ¿Quién leerá este libro? 2. ¿Tendrá el libro suficiente éxito para justificar la inversión del editor?

La investigación es hoy un requisito previo a cualquier nuevo intento en el negocio o en la política. Esto es también cierto en las iglesias. Cuando una denominación decide abrir una nueva iglesia, se averigua el número de miembros que podría tener, para así distribuir mejor los recursos de que se dispone.

Pero cuando Dios envió a Jesucristo no hizo de la estadística un factor de importancia. Jesús no envió a dos especialistas de venta para preparar el camino y preguntar: «Si Dios enviara a su Mesías, ¿le acogería usted, le seguiría y se entregaría sin reservas a Él?»

119

Jesús como agente de relaciones públicas

Jesús se hizo las cosas más difíciles en algunos sentidos. Los expertos en relaciones públicas señalarían sin duda cinco faltas serias que hizo. Primero, Jesús no se dirigió a los miembros de la clase alta de los judíos. Esto habría sido un primer paso lógico, ya que éste era el grupo con influencia, poder y recursos. Segundo, perdió mucho tiempo al hacer exactamente lo contrario, o sea, visitar a los pobres, los enfermos, los recaudadores de impuestos, los pastores y la gente de poca monta socialmente. Tercero, no intentó convencer a la gente de que apoyara su mesianidad. No sacó en primer plano las glorias de su estado, ni hizo promesas halagadoras. Cuarto, se enemistó con los que estaban en posiciones de liderazgo. Ya había empezado mal al no dirigirse a este gente, pero a veces parecía hacer todo lo posible para enfrentarse con ellos. Quinto, rehusó transigir en ningún punto. Todos los líderes saben que por buenos que sean sus ideales no los pueden realizar todos. Así que renuncian por razones prácticas a los ideales de menos importancia y consiguen, en cambio, beneficios de otro tipo: apoyo político, recomendaciones, etc.

Si hubiera tenido lugar una elección en el primer siglo, en Jerusalén y sus cercanías, con miras a elegir un Salvador, hubieran sido pocos los que habrían votado a Jesús. A fin de cuentas, no suscitaba mucho interés popular.

Pero para Jesús había otras cosas que Él tenía en más aprecio que el interés popular. Nosotros damos demasiada importancia a mantener una buena reputación, ser apreciados por nuestros iguales y conseguir todas las placas, premios y halagos que podamos, mientras que Él obraba solo.

Jesús hizo lo que creyó debía, tanto si alguien le apoyaba como si no. En un incidente que quedó registrado al final de Juan 6, el Señor habló sin ambages a quienes le querían seguir, y les explicó lo que significaba el discipulado. Con la excepción de unos pocos, todos le abandonaron. Al final Jesús preguntó: «¿Queréis acaso iros también vosotros?» (6:67).

Pedro respondió inmediatamente: «Señor, ¿a quién iremos? Tú tienes palabras de vida eterna. Y nosotros hemos creído y conocemos que tú eres el Cristo, el Hijo del Dios viviente» (6:68-69).

Los discípulos se quedaron con Él. Pero ¿y si se hubieran ido todos? ¿Qué hubiera hecho Jesús? Mi propia respuesta es que, aunque entristecido, Jesús habría continuado su ministerio. Había venido para salvar a la humanidad con o sin apoyo de los hombres.

Líderes sin seguidores

A veces los líderes y visionarios se encuentran solos, sin seguidores, a causa de sus problemas o equivocaciones. Hacen que la gente pierda interés por su comportamiento o actitud, y luego se compadecen a sí mismos, puesto que «sufren por el Señor».

A un cristiano, por ejemplo, se le ocurrió propagar las Buenas Nuevas y ayudar a otros a ganar dinero a la vez. Empezó a hacer productos en los que imprimía algunos versículos de la Biblia o pensamientos de meditación. Entre amigos y conocidos llegó a interesar a más de cincuenta personas en sus proyectos. Cada uno contribuyó con un promedio de mil dólares. Con gráficas y argumentos mostró a sus inversionistas que lograrían al menos el 18 por ciento de beneficios los primeros dos años. Sus proyectos incluían la venta de más acciones y la distribución gradual de sus productos por todos los Estados Unidos y el Canadá, y más tarde por ultramar.

Pero la Comisión de Securities y Exchange (una agencia federal) le informó que había actuado en contra de la ley por la manera en que vendía las acciones. En vez de rectificar los procedimientos, continuó de la misma manera. «No es más que una ingerencia gubernamental», afirmaba. Al final, el Gobierno le prohibió la venta de acciones y le presentaron demanda.

El resultado fue que los inversionistas perdieron

todo lo que habían invertido. El hombre no hizo más que afirmar: «El Gobierno está en contra de todos los que queremos hacer la obra de Dios», y «en cuanto se intenta hacer algo grande para Dios, el diablo se levanta en contra». Pero fue él mismo quien se había buscado los problemas

Hay ocasiones, sin embargo, en que la falta de apoyo que padece el líder no puede atribuirse a él mismo. La visión de Jesús venía de Dios: Él sabía lo que hacía. Él entendía su misión y estaba dispuesto a cumplirla. De haber escuchado a la gente que le rodeaba, Jesús muy probablemente no habría conseguido nada.

«Un momento», dirían algunos; «podemos examinar el estilo de Jesús, llegar a entender sus principios y seguir su ejemplo —hasta un punto—, porque hay una gran diferencia entre Jesús y yo. Él no tiene pecado. Él sabía siempre lo que debía hacer, así que Él no necesitaba el apoyo de los demás».

Esto es cierto. Nosotros tenemos imperfecciones humanas por más que hayamos seguido los principios cristianos. Luchamos con problemas como el orgullo, rechazo, suspicacia e inseguridad. Cuando nos vemos enfrentados con otros, no podemos tener nunca la seguridad absoluta de que hemos sido honestos y fieles a Dios y que son los otros los que se oponen a su voluntad al oponerse a nosotros.

Tal como dice un amigo mío: «Nuestras motivaciones son, en el mejor de los casos, algo turbias». Este amigo señala que el pecado ciega y engaña: «¿Cómo puedo saber verdaderamente lo que pasa en mi corazón? Aunque habla Dios, mi naturaleza pecaminosa deforma a veces lo que escucho.»

Pautas para los líderes solitarios

Por tanto, ¿qué es lo que podemos hacer para examinar nuestros motivos cuando queremos emprender un nuevo camino y no enfrentarnos con oposición?

- Buscar la dirección de Dios. Preguntarle si el camino que vamos a seguir es el apropiado. Y comprobar nuestros planes de acuerdo a su palabra.
- Compartir nuestras preocupaciones y problemas con algunos amigos cristianos de confianza. Rogarles que oren con nosotros y para nuestros proyectos.
- Examinar el interior de nuestro corazón. ¿Tenemos paz interior como consecuencia de nuestros proyectos? ¿Tenemos la sensación de que agradan a Dios? ¿Sentimos ira contra los que se oponen a nosotros? Si Dios quiere que emprendamos un nuevo negocio o actividad, no dará paz, a pesar de la oposición de los demás.

Un matrimonio que conozco siguió estos tres pasos. Creían que Dios les quería enviar como misioneros al África a pesar de los violentos problemas políticos en el país al que querían ir. Sus familias respectivas trataron de disuadirles, principalmente porque tenían tres hijos pequeños. Una misión aceptó su entrega —pero no de buen grado—, después de haber hecho cuanto pudieron para disuadir al matrimonio.

El marido declaró en un grupo de oración: «Tenía la confianza interior de Dios, así que no importaba mucho que nadie me apoyara. Sabía que Dios estaba conmigo, y fue por esto que mi esposa y yo decidimos ir.»

Así lo hicieron. Pasaron varios años de labor misionera ejemplar en África. De haber escuchado las voces de oposición, nunca habrían ido. La paz de Dios fue el factor que les decidió.

Nunca solo en la cima

Después de que el apóstol Pablo hubo viajado por la mayor parte del mundo judío, Dios quiso que fuera a Roma. Pero cada vez que Pablo hablaba a los cristianos, éstos se oponían a que realizara el viaje. El profeta Agabo le advirtió de los peligros y le dijo que sería encarcelado. Los hermanos amonestaron a Pablo, rogándole que volviera atrás en sus planes.

Ésta fue la respuesta de Pablo: «¿Qué hacéis llorando y quebrantándome el corazón? Porque yo estoy dispuesto no sólo a ser atado, sino también a morir en Jerusalén por el nombre del Señor Jesús» (Hechos 21:13).

El versículo siguiente dice: «Y como no se dejaba persuadir, desistimos, diciendo: Hágase la voluntad del Señor.»

A veces el líder debe mantener una posición solitaria —hablamos de soledad en términos humanos—. Cuando este líder siente que es Dios quien le guía en una dirección dada, y lo ha intentado todo para verificar la voluntad de Dios y todavía insiste en que «éste es el camino señalado», este líder debe seguir el camino. Esto implica a veces hacerlo todo solo, sin otra ayuda que la de Dios.

Después de entregar nuestra vida a Jesucristo, nunca estamos solos. El salmista escribió: «Aunque mi padre y mi madre me abandonen, con todo, Jehová me recogerá» (27:10). Estas palabras pueden significar más que los padres estrictamente... Pueden significar: «Aunque todos me abandonasen, aun mis padres...»

A juzgar por las apariencias, Jesús estaba solo. Sus discípulos querían que diera evidencia de su poder, que derrocara a los romanos y acabara con los malvados. No entendieron la misión de Jesús ni sus métodos, y cuando fue arrestado se escaparon, temerosos, o le negaron. Pero aun entonces Jesús se mantuvo firme: con su Padre.

Un reto singular

El liderazgo cristiano, al igual que el discipulado, no garantiza que lo que decimos será entendido. Nuestra entrega a Dios no nos asegura que recibiremos aliento de procedencia humana. Cuanto mayor sea nuestra visión, tanto más podemos estar sin apoyo humano.

Otros nos han precedido. Hombres y mujeres han tenido grandes sueños y han visto que se realizaban a pesar de obstáculos y oposición.

Un hombre que mantuvo su sueño fue S. Truett Cathy. En 1966 abrió un restaurante en Hapeville, en el lado sur de la ciudad de Atlanta, que se especializó en hamburguesas y lo que más tarde llegó a denominarse *fast fodd*. Unos años más tarde abrió otro restaurante en Forest Park, muy cerca del primero.

Todo iba bien y las inversiones hechas habían empezado a rendir, cuando un día se quemó el restaurante de Forest Park. El seguro sólo pagó una pequeña fracción del coste, pero Truett construyó el restaurante de nuevo. Esta vez, teniendo en cuenta la tendencia hacia el *fast fodd*, lo adaptó totalmente para este mercado. El problema fue que Truett se adelantaba a su tiempo: en menos de tres meses el restaurante estaba al borde de la quiebra.

¿Tiró la toalla? No, porque previó lo que podía hacer. Había experimentado con varios métodos de guisar pollos y creyó haber encontrado un método para hacer unos deliciosos *sandwiches*. A pesar de todos los que a su alrededor le advertían que todo aquello no iba a ninguna parte, siguió adelante. Hoy es el presidente de Chick-fil-A, con más de 300 restaurantes en más de 30 estados norteamericanos.

Los casos son muchos. Había otro hombre. Era tímido, temeroso delante de la gente, que tropezaba siempre cuando hablaba en público. Pero sentía celo por la obra de Dios y trabajaba con tesón en las tareas que el pastor o el consejo de ancianos le confiaba.

Un día este joven sintió que Dios le llamaba al ministerio. Su pastor y el consejo de ancianos, que le amaban y estimaban su buena voluntad, le concedieron a desgana el permiso para entrar en el ministerio. El día en que el joven se iba, yo estaba al lado del tesorero de la iglesia, el cual me dijo: «Es lástima que se vaya a pasar tres años de estudio en el seminario, porque nunca llegará a ser un buen pastor.» Yo estuve de acuerdo.

Pasaron tres años y el joven volvió y predicó un sermón en la iglesia. Ninguno de nosotros podía creer que era la misma persona. Tenía confianza en sí mismo, su mensaje fluía de manera natural: había llegado a ser un predicador de primer orden.

Le pregunté qué era lo que le había pasado durante este período de tres años. Me respondió que había seguido orando y diciendo a Dios: «Creo que Tú quieres que haga esto. Hago todo lo que sé para ser tu siervo. Tú sabes lo que tienes que hacer para que yo sea un buen siervo.»

Este joven, sólo con Dios, llegó a ser un predicador magnífico. Sólo los que le conocimos en su juventud podemos apreciar verdaderamente la obra maravillosa de Dios en su vida.

Este principio puede aplicarse a todos los aspectos de nuestra vida. Se expresa, entre otras formas, de la siguiente manera:

PRINCIPIO 13:

UN VERDADERO LÍDER, CON LA AYUDA DE DIOS, ES EQUIVALENTE A UNA GRAN MULTITUD

CAPÍTULO CATORCE

LOS QUE DUDAN

El estilo de liderazgo de Jesús se distinguió por su capacidad para tratar una variedad de temperamentos, condiciones y niveles de madurez espiritual. Después de su resurrección, por ejemplo, Jesús manifestó esta capacidad en todas sus distintas facetas.

Fue la época en que trató a María, que le era leal; Pedro, ya penitente; los dos pensadores camino de Emaús, y Tomás, el que dudaba. El liderazgo de Jesús les llegó a todos, curándoles, reconciliándoles, dándoles seguridad y esperanza.

De todas las personas que Jesús vio después de su resurrección, Tomás fue, sin duda, el que más problemas le presentó. Tomás no estaba cuando Jesús se reveló a los discípulos, así que no tuvo la oportunidad de ver al Señor resucitado. El que dudaba llamó a sus condiscípulos mentirosos porque no les creyó. Con arrogancia reclamó el derecho de establecer él mismo las condiciones bajo las cuales iba a creer.

Podemos ver en Tomás no sólo uno que duda, sino también un pesimista nato. Cuando Jesús habló de ir a Betania después de la muerte de Lázaro, la reacción de Tomás fue: «Vamos también nosotros, para morir con Él» (Juan 11:16). Sólo vio el lado negro de la verdad.

Se llama a menudo a los líderes a tratar con gente de estas características —ejecutivos, miembros de iglesia o miembros de familia que no pueden ver ningún aspecto bueno en sí mismos, su situación, ni en los planes de su líder—. Estas personas son a menudo sombrías, a la vez que están llenas de dudas. No confían en nadie ni en nada.

Como Tomás, la mayoría de esta gente tiene ideas preconcebidas y son reacios a cambiar. Piden pruebas que son difíciles o imposibles de proporcionar. Las palabras del líder con frecuencia no satisfacen a esta gente: necesitan ver para creer.

Martín Lutero dijo: «El arte de dudar es fácil.» Quizás lo sea porque nacemos con esta tendencia. Algunos trabajamos para minimizar este aspecto en nosotros; otros le dan importancia y va adquiriendo más relieve. A medida que va aumentando de importancia, otro aspecto de nuestro ser —la confianza— se va marchitando.

De manera inversa, si no prestamos importancia a la duda y aumentamos la confianza, la duda se irá disipando de manera gradual. Cuando la confianza se manifiesta, la duda se va; cuando la confianza se va, la duda se manifiesta.

Cuando la duda llega a establecerse en una relación entre trabajadores y jefes, todo queda bajo sospecha. Se apunta cada llegada con retraso; una demanda para un día de permiso se considera sospechosa; cada idea nueva que se presenta queda rechazada de manera automática. Cuando la duda se establece entre marido y mujer, cada conversación se vuelve una disputa, se interpretan mal las palabras, y el sentido de las mismas se tergiversa. El resultado puede ser desastroso.

Los árabes tienen un dicho: «Quienes te aman, hasta tragarán gravilla por ti, pero tus enemigos contarán cada uno de tus errores.» Lo mismo hará alguien que duda de ti.

La duda está en la base de la mayoría de los conflictos en nuestras iglesias, negocios, hogares y gobiernos. Está en la raíz de la incredulidad. Las dudas sobre Dios hacen que la gente se resista a entregarse y someterse a su autoridad.

La manera en que los líderes tratan la duda

¿De qué manera trató Jesús a Tomás, su seguidor que dudaba? Hace falta no sólo examinar la psicología que evidencia la respuesta de Jesús, sino también examinar su liderazgo espiritual.

Fue una semana larga la que transcurrió entre la Resurrección y el domingo siguiente. En la superficie, habría sido mucho más amable si Jesús no hubiera dejado a sus discípulos toda la semana con esta convicción nueva y trémula.

Pero, si penetramos la superficie, vemos que, al dejarles reflexionar una semana, Jesús permitió que consideraran su crecimiento espiritual. Nuevos pensamientos, nueva visión, todo esto sólo podría haber entrado en la vida de los discípulos con tiempo.

Así que se les dejó reflexionar, meditar, ajustarse a los nuevos pensamientos, para que empezaran a comprender. De la misma manera que una madre se aparta un poco de su pequeñito y le alienta a dar sus primeros pasos, Jesús les dejó solos para que experimentaran la confianza en sí mismos y en Dios, que iban a ser condiciones permanentes.

Y luego volvió. Esta vez no se preocupó tanto del grupo de discípulos como unidad, sino que señaló al que dudaba, el que había establecido condiciones para creer. Jesús no hizo lo que muchos líderes son propensos a hacer: no habló al grupo entero con un discurso general sobre la duda, esperando que de esta manera el que dudaba se sintiera aludido. Ni tampoco se rodeó de los que no dudaban, aislando así al que dudaba y haciendo que se fuera.

Esto no habría reflejado el estilo de liderazgo de Jesús. Su solución fue la de dedicarse al que dudaba satisfaciendo sus requerimientos.

Es posible imaginarse la vergüenza, turbación, y sentimiento de culpabilidad que Tomás debió sentir cuando Jesús le repitió sus propias palabras de tocar las heridas del Señor para poder creer. ¡Cuán diferentes debieron haber sonado en la boca de Jesús!

No hay manera más eficaz de hacer que una persona se arrepienta de sus palabras poco sensatas que repitiéndoselas cuando está sosegado y tranquilo. La satisfacción del requerimiento de Tomás por Cristo fue el camino de la reconciliación y su creencia.

Jesús advirtió a Tomás: «Y no seas incrédulo, sino creyente» (Juan 20:27). Jesús estaba diciendo, de alguna manera: «No es cuestión de evidencia, Tomás; se trata de disposición. Tu incredulidad no se basa en una falta de pruebas, sino en tu actitud y disposición.» Para decirlo de otra manera: hay bastante luz en el sol, son los ojos los que nos fallan. Lo que yace bajo el problema de la duda es el problema de la actitud y disposición.

De dudar a creer

El estilo de liderazgo de Jesús siempre va dirigido a reformar, a alentar, a hacer avanzar a la gente: avanzar de la duda a la creencia, del escepticismo a la entrega, de la enemistad al amor. En otras palabras, ayudó a hacer crecer a la gente.

Jesús no humilló a la gente ni la utilizó para sus propios fines, aunque estaba en su derecho el hacerlo. No se enfrentó con los que dudaban de manera personal, para que vieran cuán equivocados estaban. Lo que quería era que avanzaran hacia la realización de todo el potencial que Dios les había dado.

Al igual que Natanael cuando supo que Jesús le había visto bajo la higuera y exclamó: «Rabí, tú eres el Hijo de Dios» (Juan 1:49), así Tomás se olvidó de su incredulidad y confesó extasiado: «¡Señor mío, y Dios mío!» (Juan 20:28).

El cambio de actitud de Tomás fue tan instantáneo que no deja lugar a duda: la táctica de Jesús dio resultado. El resultado que Jesús buscaba era el crecimiento espiritual de los que dudaban de Él. Éste es también su estilo de liderazgo.

PRINCIPIO 14:

LOS VERDADEROS LÍDERES AYUDAN A LOS QUE DUDAN, PARA QUE TENGAN CONFIANZA

CAPÍTULO QUINCE

LAS CRÍTICAS

Entré en un despacho un día y vi estas palabras escritas en un pequeño rótulo que había sobre el escritorio del director:

Para evitar ser criticado:
No digas nada. No hagas nada. No seas nada

No estoy seguro de que este procedimiento funcione. De hecho, no puedo imaginarme manera alguna de evitar ser criticado, sobre todo un líder.

La mayoría tenemos dificultades para aceptar la crítica. Ya es bastante difícil aceptar críticas cuando éstas son justificadas. Pero cuando no son justificadas, poco amables o expresadas de forma que no tenemos oportunidad para defendernos o explicarnos, es todavía más difícil.

No hay nadie que pueda quedar exento de críticas. A continuación vemos una serie de críticas dirigidas contra una figura bien conocida:

«No es más que un asesino. Es traidor con sus amistades personales, hipócrita en la vida pública, un impostor que ha abandonado todo buen principio, si es que jamás los tuvo.»

Este comentario iba dirigido contra el presidente George Washington.

En un comentario sobre un personaje importante, el editorialista de un periódico afirmó:

> «Este individuo es un payaso de ínfima calidad. Es un auténtico gorila. Los que van a África para ver a estos animales están perdiendo el tiempo; el mejor especimen de todos está aquí, en Springfield, Illinois.

Este comentario iba dirigido a Abraham Lincoln. Si personas de la talla de Washington y Lincoln pueden recibir críticas así, no es sorprendente que líderes como nosotros recibamos también nuestra porción.

Los críticos de Jesús

También Jesús tuvo sus detractores. Los que le criticaron lo hicieron por varias razones que incluían la envidia, el odio y el miedo. Cuando disputó con algunos líderes judíos, por ejemplo, dijeron: «Demonio tienes» (Juan 7:20). Los críticos seculares de hoy día cambiarían esta acusación alegando que «eres un esquizofrénico paranoico y necesitas que te encierren».

Una frase reveladora aparece en Juan 15:25: «Pero esto es para que se cumpla la palabra que está escrita en su ley: Me aborrecieron sin motivo.» Los críticos de Jesús no tenían ninguna razón para aborrecerle. Rechazaban de plano a quien intentara cambiar o reformar algo, y Jesús era un reformador.

Siempre me he preguntado cómo podía ver la gente evidencias de la compasión y de las curaciones de Jesús y todavía hablar en contra suya. Pero lo hacían. Como mencionamos en el capítulo seis, Jesús sanó a un hombre junto al estanque de Betesda (Juan 5:1-16). Cuando los líderes religiosos vieron curado al que había sido paralítico durante treinta y ocho años, no se alegraron. Criticaron a Jesús por haber curado en el día de sábado. «Y por esto los judíos perseguían a Jesús, y procuraban matarle, porque hacía estas cosas en sábado» (Juan 5:16).

Otro sábado Jesús curó a un hombre nacido ciego. «Entonces algunos de los fariseos decían: Ese hombre no procede de Dios, porque no guarda el sábado» (Juan 9:16).

Durante la Fiesta de los Tabernáculos la gente discutía sobre Jesús. Algunos conocían su obra y hablaban abiertamente de su poder y bondad. «Y había gran murmullo acerca de Él entre la multitud, pues unos decían: Es bueno; pero otros decían: No, sino que engaña al pueblo» (Juan 7:12).

Cuando los líderes religiosos detuvieron a Jesús, le llevaron a Pilato. Cuando Pilato les preguntó de qué le acusaban, respondieron y dijeron: «Si éste no fuera malhechor, no te lo habríamos entregado» (Juan 18:30).

Es extraño —¿no?— que no presentaran una lista de sus «crímenes». Por lo visto, Pilato no insistió sobre el tema. Los que acusaron al Señor eran los representantes de los «buenos» y «santos» de su época; basándose en el honor y estima que gozaban, llevaron a Jesús al castigo y a la muerte.

Este tipo de crítica contra el cristianismo nunca ha cambiado. El libro de Hechos acaba con la visita que hicieron al apóstol Pablo los líderes de la comunidad judía de Roma, visita en que les habló de Jesús. Los líderes le escucharon, pero replicaron que «de esta secta nos es bien conocido que en todas partes se la contradice» (Hechos 28:22). El libro cuenta que algunos creyeron, muchos no. Sospecho que los que no creyeron ya habían decidido con anterioridad la posición que iban a tomar, como la gente que llevó a Jesús a Pilato.

Aceptar la crítica

La crítica no pareció estorbar a Jesús. Quizás por conocer la maldad del corazón humano la esperaba. Pero la mayoría tenemos dificultades, especialmente cuando la crítica viene de otros creyentes.

Un amigo que daba una clase de escuela dominical

a más de 300 adultos recibió una lluvia de críticas. Me confesó: «Yo ya espero la crítica de las personas que no están dentro de la iglesia. Pero ¡duele cuando son mis hermanos y hermanas en Cristo quienes lo hacen! Duele aún más cuando alguien cuenta su crítica a otro y éste viene a hacerme partícipe de la misma.»

Este hombre había recibido la crítica por haber hablado contra el uso indiscriminado de pesticidas, sobre todo el DDT. Pasaron años antes de que la mayoría de la gente se diera cuenta de la gravedad de los problemas causados por el DDT, y cómo había alterado el equilibrio en la naturaleza. Había hablado del tema cuando la clase estudiaba el libro del Génesis. Dijo que Dios había dado a Adán —y por consiguiente a todos sus hijos— la responsabilidad de cuidar del mundo. Sus críticos sólo se dieron cuenta de su equivocación muchos años más tarde.

Por otra parte, algunas críticas pueden dar en el blanco. El apóstol Pablo sabía que todo líder necesita estar abierto a las opiniones de otros. Así que fue a Jerusalén con Bernabé y Tito, «y les expuse el evangelio que predico entre los gentiles; pero lo hice en privado a los que figuraban como dirigentes, no sea que yo esté corriendo o haya corrido en vano» (Gálatas 2:2).

Pablo había empezado a predicar que el Evangelio nos libraría de la ley de Moisés. Este concepto nuevo y chocante no había sido proclamado por otros. Por descontado, recibió muchas críticas, así que habló a los líderes de la iglesia de Dios para explicarlo, y ellos le apoyaron.

Habría sido imposible, por supuesto, que Pablo fuera a Jerusalén cada vez que hubiera sido criticado. Escribió a los corintios: «Yo en muy poco tengo el ser enjuiciado por vosotros o por tribunal humano... pues el que me enjuicia es el Señor» (1 Corintios 4:3-4). Esta declaración no significaba arrogancia, sino establecer una tregua en la disputa y la crítica. Pablo hizo lo que creyó era justo, y sabía que Dios sería su juez final.

Primera respuesta

¿Cuál debería ser nuestra primera respuesta a la crítica? Como líderes cristianos debemos *escuchar*. Nuestros críticos pueden decir la verdad. Puede que no la digan con delicadeza ni tacto, pero la verdad es la verdad, poco importa la manera en que se presenta.

Como contestó Abraham Lincoln cuando alguien le dijo que su secretario de Estado, el señor Stanton, le había llamado mentecato: «Stanton es un hombre inteligente. Si él dice que soy un tonto, debería averiguar si tiene motivos para decirlo.»

Cuando llueven las críticas, la mayoría tendemos a encolerizarnos, damos una respuesta contundente o empezamos a llorar. Nos queremos defender, explicar cuán injustas son las personas, o lamentar el hecho de que la gente no nos entienda. En vez de esto debemos escuchar.

Segunda respuesta

Cuando la crítica es justificada, debemos rectificar todo lo que podamos. Sólo podremos saber que la crítica es acertada si examinamos nuestro corazón, oramos a Dios para que nos guíe, le pedimos que nos ayude a escuchar abierta y claramente, y buscamos el consejo de otros.

Si después de haber hecho todo esto creemos que la crítica no es acertada, debemos pedir a Dios la gracia de soportar la oposición. Algunos lo podemos hacer mejor que otros. Con nuestros propios recursos, somos pocos los que podemos tolerar la crítica injusta sin pasar por mucho sufrimiento interior.

Después de todo, queremos que la gente nos quiera y nos apruebe. Puede que hasta *esperemos* la aprobación de los demás. Cuando las personas responden de manera negativa nos sentimos heridos.

Un amigo mío negociante, por ejemplo, me dijo que en 1950 tenía negocios con blancos y negros. Muchos blancos le criticaron por tratar a los negros como iguales. Él me dijo que nunca entró en disputa con un racista, pensando que con sus acciones hablaba mejor que con sus palabras. «Pero a veces tenía que hacer muchísima oración para no alterarme y perder los estribos ante estas actitudes.»

Es bueno recordar que, según dijo el apóstol Pablo: «El que me enjuicia es el Señor.» Si sabemos que ponemos a Dios primero en nuestra vida, y hemos usado el sistema mencionado antes para obrar rectamente, no tenemos que perder más tiempo defendiéndonos contra nuestros críticos.

Tercera respuesta

Finalmente, tenemos que prepararnos para la crítica que va a venir. Si sabemos que habrá personas que hablarán en contra nuestra, nos humillarán y tratarán de destruirnos, podemos prever y edificar defensas contra sus ataques.

La secretaria de un ejecutivo ha aprendido a hacer frente a la crítica. Tiene una oración en un rotulito en un rincón de su escritorio, cerca del teléfono. Puesto que es ella la que recibe la mayoría de las críticas y quejas que se hacen a la compañía, lee su oración por dentro mientras escucha las llamadas, a menudo airadas, que van llegando. La oración dice:

«Señor Jesús, Tú sentiste el odio de los pecadores pero los amaste. Ayúdame a recordar que Tú puedes hacer que yo ame a los que me critican a mí.»

La minoría vociferante

La crítica que reciben los líderes procede a menudo de una minoría. Pero, puesto que hablan tan fuerte y tan a menudo, es difícil averiguar con certeza cuántas personas la ejercen.

Un pastor hizo muchos cambios en su iglesia. Como resultado, la iglesia creció por primera vez en

138

noventa años. No tardaron en añadirse dos cultos matinales para poder acomodar a la gente, y más tarde se tuvieron que construir naves y expandir el recinto de culto.

Fue en esta época cuando el pastor empezó a oír muchas críticas. Llegaban a sus oídos de una forma que pasó a ser habitual: un miembro le venía y le decía: «Dicen que...»

Un día, muy desalentado, el pastor se paseaba arriba y abajo por su oficina muy preocupado y debatiendo si debía dimitir. No se le ocurría pensar en lo mucho positivo que había hecho, que había ayudado a aumentar la membresía y había ayudado a cambiar la vida de muchos. Sólo podía sentir la crítica. Los comentarios eran ya tan hostiles que acabó creyendo que la mayoría de la iglesia estaba en contra suya.

Escribió a un amigo: «Es una situación terrible cuando tienes más de 400 miembros y 350 de ellos te aborrecen. A los otros 50 no les importa el asunto.»

En este punto, en medio de su desazón, se paró y oró. Oró pidiendo serenidad de espíritu y consejo. Más tarde explicó lo que ocurrió: «Casi de manera inmediata me di cuenta de que las quejas que tanto me habían llegado a obsesionar procedían de cuatro familias que habían dominado la congregación antes de que yo llegara como pastor y no querían los cambios de manera alguna. Me di cuenta también de que representaban una minoría de la congregación.»

Tenemos que escuchar las voces que disienten, pero también las tenemos que poner en perspectiva. Podemos pensar en leer sobre la persecución y crítica que Jesús sufrió, que todo el mundo estaba en su contra. Pero Marcos dice: «Y la gran multitud escuchaba con gusto» (Marcos 12:37). Las voces de los críticos podían haber sido fuertes, aun homicidas, pero procedían de un reducido grupo de líderes religiosos que no querían que Jesús cambiara las cosas. La gran multitud escuchaba, se regocijaba y abrazaba las enseñanzas de Jesucristo y sus discípulos.

Cuando uno es objeto de crítica, ha de hacerse las

siguientes preguntas en vez de dejarse arrastrar por los sentimientos y sentir angustia por dentro:

- ¿De dónde procede esta crítica?
- ¿Está *todo* el mundo en contra de mí? ¿O son sólo unos cuantos los que están descontentos?
- ¿Hay algo de verdad en la crítica, por poco que sea?
- ¿Hay algo que debo aprender de las observaciones de mis críticos?

Lyle Schaller, un observador desde hace mucho tiempo de las iglesias y las denominaciones, recordó una vez a un grupo de líderes de iglesia que siempre habrá gente que se quejará. Esta gente tiene preparada una gran lista de críticas cuando se sugiera un nuevo programa.

- Es demasiado ruidoso.
- Es demasiado mundano.
- Es demasiado caro.
- Es tener poco cuidado del dinero de Dios.
- Atraerá a gente poco apropiada.

Pero hay otros que se preocupan del futuro de un programa, añadió. Escúchalos. No dejes de realizar una actividad que ha recibido el beneplácito de cincuenta personas porque ha habido tres que han empezado a criticarlo.

Un amigo me dijo: «Quizá deberías sentirte bien cuando la gente empieza a criticarte.» Yo no entendí lo que quería decir, así que se lo pregunté.

Contestó citando las palabras de Jesús: «¡Bienaventurados seréis cuando por mi causa os vituperen y os persigan, y hagan toda clase de mal contra vosotros, mintiendo. Gozaos y alegraos, porque vuestro galardón es grande en los cielos: porque así persiguieron a los profetas que os precedieron» (Mateo 5:11-12).

Y antes de que Jesús entrara en el jardín de Getsemaní, dijo: «Acordaos de la palabra que yo os he dicho: el siervo no es mayor que su señor. Si a mí alguien me ha perseguido, también a vosotros os perseguirán; si han guardado mi palabra, también guardarán la vuestra» (Juan 15:20).

Cuando la crítica es justa, aprendamos de ella. Cuando es injusta, recordemos el siguiente principio:

PRINCIPIO 15:

SÓLO HUBO UN LÍDER PERFECTO Y TAMBIÉN LE CRITICARON

CAPÍTULO DIECISÉIS

HACER DE UNA PULGA UN ELEFANTE

Un líder cristiano abandonó una compañía en la que trabajaba desde hacía menos de seis meses. Antes de trabajar en ella había conseguido resultados excelentes, y en el cargo que ocupó después también se mostró un líder excelente. Un amigo me lo presentó, y mientras estábamos charlando, mi amigo le preguntó: «¿Por qué dejaste la compañía...?» «Te lo puedo explicar en pocas palabras», dijo. «Estrechez de miras.» No hizo discursos ni mencionó nombres, pero dijo algo más: «No tenían el menor sentido del trabajo en equipo. Todos tenían que "destacar" en algún sentido. Las envidias y rivalidades eran la norma. Cada uno intentaba construir su pequeño reino, ser el líder absoluto del mismo, y luego poder conquistar otro reino. Yo quiero trabajar en equipo, con todo el mundo. Después de seis meses me di cuenta de que, por más que tratara de evitar estas pequeñas rivalidades, si cooperaba con alguien, automáticamente me hacía el rival de otro. Decidí marcharme.»

Los problemas pequeños parecen pequeños —y lo son—, pero pueden disminuir la moral y la productividad. Problemas serios como la supervivencia económica son a menudo fáciles de percibir, pero los problemas pequeños se deslizan insidiosamente. El no prestar atención a ellos puede llevar a problemas gigantescos.

Personas estrechas de miras

Aquí quedan apuntadas algunas características de los líderes estrechos de miras, los cuales, a causa de sus actitudes y estilo de trabajar, ocasionan conflictos:

- *Promesas y más promesas.* «Si quieren algo, basta con que me lo pidan.» Lo dice de veras también —al menos en el momento de pronunciar la frase—. Dentro de diez minutos lo más probable es que lo haya olvidado.
- *Las seis últimas palabras famosas.* En toda iglesia u otra organización las seis últimas palabras famosas son: «Nunca lo hemos intentado así antes.» La persona estrecha de miras se solaza explicando que se intentó realizar algo parecido hace doce años y fue un fracaso sonoro.
- *«Mañana a primera hora».* Este experto en la demora siempre parece ocupadísimo, no tiene tiempo para ocuparse de nada, y nunca parece terminar las cosas a tiempo. «¿Para cuándo lo necesita?», es su pregunta favorita. «Se lo tendré acabado mañana a primera hora.»
- *Oponerse a las ideas de otros.* Esta persona tiene muchas ideas, energía, y siempre apoya nuevos programas con tal de que procedan de sí mismo. Descarta como poco interesantes o viables las ideas de otros.
- *¿Qué beneficios me traerá?* Esta persona niega su apoyo, interés y energía si no sabe los beneficios que su esfuerzo le aportará. Si es astuto, manipula la conversación de tal manera que su actitud parece la única vía lógica. Pero, por buenos que parezcan sus argumentos, tiene sólo un interés: él mismo.

Existen docenas de tipos de personas estrechas de miras, tales como el cínico, el chismoso, el sabelotodo, el insensible y el bromista.

Las personas estrechas de miras pueden llegar a ser personas tales que impiden a los líderes el enfrentarse con los problemas y dificultades de envergadura. ¿No conocemos todos iglesias que se pasan el tiempo discutiendo temas como de qué color pintar la nueva cocina, o si se van a instalar bancos o sillas? Se enfrascan tanto en estas discusiones de poca monta, que se olvidan de la verdadera tarea de la iglesia. Lo mismo puede decirse de muchos negocios y aun de familias.

Respuestas frecuentes a problemas triviales

¿Cómo se enfrentan las organizaciones con estos problemas al parecer menores?

1. *Pasarlos por alto.* Éste es el método más frecuente. Los líderes no los ven o no los consideran de suficiente importancia para ocuparse de ellos.

2. *Esquivarlos.* Los líderes pueden darse cuenta del problema, y aun pueden admitir que, a menos que se corrija, puede llegar a ser importante. Pero dicen, de hecho: «Si seguimos trabajando, seguramente desaparecerá por su propia cuenta.» Por desgracia, si se deja sin control, el problema puede crecer y aumentar en importancia.

3. *Aplazarlos.* Esta táctica reconoce el conflicto y lo aplaza. Pide a los afectados calma y promete que se va a solucionar el problema en un futuro próximo.

Esto puede ser beneficioso. Los líderes dicen: «Volveremos a este problema», y así zanjan de momento el conflicto. Pero no debe olvidarse la promesa de volver más tarde al problema para solucionarlo.

4. *Resolverlos.* Los líderes eficaces intentan resolver los problemas triviales antes de que aumenten de importancia. No emplean un mortero cuando bastaría una pistola, pero se dan cuenta de las pequeñas diferencias y consiguen una reconciliación antes de que se haga mayor la brecha.

La manera en que Jesús solucionó los problemas triviales

En Juan 21:21 salió a la superficie un pequeño problema. Jesús acaba de insinuar que Pedro moriría un día como mártir. Pedro ve a Juan y pregunta: «Señor, y éste ¿qué?»

La pregunta de Pedro sobre el lugar que ocuparía Juan en la obra de Dios podía haber evidenciado algo de envidia. Pedro era fiel a Cristo, pero Juan era «el discípulo que Jesús amaba», así que podía haber existido una pequeña rivalidad entre los dos. La pregunta se hizo para saber lo que el futuro aguardaba a Juan. ¿Iba a ser tan importante como Pedro en cuanto a responsabilidad y liderazgo? ¿Debía ir Pedro en compañía de Juan? ¿Iba a recibir Juan algo especial? Jesús contestó: «Si quiero que él quede hasta que yo venga, ¿qué te va a ti? Sígueme» (Juan 21:22). Esta frase reprende de manera dulce todo exceso que pudiera haber en la pregunta de Pedro. Advierte contra el intento de forzar a todos a pasar por el mismo aro o la demanda de «igualdad» de tratos en el servicio del Señor. Jesús pidió a Pedro que dejara a Juan en paz y se concentrara en su propio ministerio.

En toda organización o iglesia no hay nada mejor para acabar con los rumores, envidias y chismorreos que cortarlos de raíz. Dejar abierta la especulación puede ser desastroso para un grupo. Sin embargo, Jesús no dijo a Pedro: «Tengo esto preparado para Juan, pero te lo digo en confidencia.» No le preguntó: «¿Qué piensas que debería hacer con Juan?» Este tipo de respuestas por parte de Jesús hubiera hinchado a Pedro y fomentado sus problemas aún más. Jesús mantuvo en equilibrio el alentar la especulación y divulgar información que no debía revelarse.

También se puede ver en este pasaje que el estilo de liderazgo de Jesús no era el de «dividir para vencer». Intentó reducir al mínimo el conflicto posible entre Pedro y Juan, no explotarlo. El crear dependencia por medio de la división ha sido el estilo de los poderes políticos imperialistas, y hasta de algunos intentos misioneros en el pasado. Algunos pastores creen que su supervivencia depende de mantener facciones diferentes, enfrentadas las unas con las otras; algunos presidentes de compañías y líderes políticos también lo hacen, no sólo para mantener su supremacía, sino también porque no se fían de sus subordinados. Estas instituciones están en un estado de malestar y agitación continuos, y cuando las cosas llegan a funcionar apaciblemente, los líderes pueden fomentar problemas simplemente para mostrar así que se les necesita para buscar soluciones.

Los problemas pequeños y la Iglesia primitiva

La rivalidad y otros problemas triviales, pero acuciantes, no se resolvieron con la ascensión de Jesucristo. La Iglesia, aun al comienzo de su existencia, tenía que enfrentarse con estos problemas.

Tal como narra el libro de Hechos, la Iglesia fomentó una atmósfera de comunidad y ayudó a las viudas y huérfanos. Los apóstoles se vieron enfrentados inmediatamente con problemas, pero ya habían aprendido a ser líderes bajo Jesucristo:

> «En aquellos días, al aumentar el número de los discípulos, hubo murmuración de los griegos contra los hebreos, de que las viudas de aquéllos eran desatendidas en la distribución diaria. Entonces los doce convocaron a la multitud de los discípulos, y dijeron: No es conveniente que nosotros dejemos la palabra de Dios, para servir las mesas. Buscad, pues, hermanos, de entre vosotros a siete varones de buen testimonio, llenos del Espíritu Santo y de sabiduría, a quienes encarguemos de este trabajo. Y nosotros nos dedicaremos asiduamente a la oración y al ministerio de la palabra. Agradó la propuesta a toda la multitud» (Hechos 6:1-5).

¿Qué podemos aprender de este incidente? Fijémonos en que los líderes de la Iglesia hicieron tres cosas muy sabias:

- Se enfrentaron con el problema inmediatamente. No dieron lugar a que se intensificara y dividiera la Iglesia.

147

- Delegaron a personas de confianza para solucionar el problema. Dejaron ver lo serio que podía llegar a ser el problema; los helenistas eran judíos que habían adoptado las costumbres y cultura griegas, lo cual daba pie a conflicto.
- No dejaron que un tema de importancia relativa (la distribución de la comida diaria) les impidiera su estudio y oración, e intentaron ejercer su liderazgo sobre la Iglesia como unidad.

Estos líderes, muy probablemente encabezados por Pedro, distinguieron entre lo importante y lo pequeño. Se concentraron en una preparación que les permitiera cumplir la comisión de Jesús: dar las Buenas Nuevas al mundo entero.

Pablo y los problemas triviales

Cuando Pablo escribió a sus convertidos, se refería a menudo a problemas que existían en iglesias específicas. Estos problemas eran tanto grandes como pequeños. En las dos cartas a los corintios, por ejemplo, trata de temas importantes, como los dones espirituales y la moralidad.

Pero también aconsejó a los corintios sobre el comer carne que había sido ofrecida en holocausto a los ídolos —un tema relativamente de poca importancia, que causaba desacuerdos serios—. Por lo visto, algunos cristianos compraban la carne de estos animales a buen precio, de segunda mano, por así decirlo (como los ídolos no comían la carne, los paganos tenían que hacer algo con ella). Pablo acabó la discusión sobre si esta práctica era admisible o no, de una manera decisiva (1 Corintios 8).

En otra ocasión Pablo escribió una carta de gratitud por un regalo que los filipenses le habían enviado cuando estaba en la prisión. La carta sólo tenía una nota de admonición; se dirigió a un problema pequeño para que no llegara a hacerse mayor: «Ruego a Evodia y ruego a Síntique que sean de un mismo sentir en el Señor» (Filipenses 4:2).

Por lo visto, estas dos mujeres discrepaban sobre un punto. Es sólo a esta diferencia a la que Pablo se dirige, pero quería atajar el problema antes de que afectara a la iglesia entera.

Cuando se hace de una pulga un elefante

¿Qué habría pasado si Pablo no se hubiera ocupado de la situación Evodia-Síntique? ¿Si hubiera dicho: «Dejaré este punto para otra carta»? Estas dos mujeres podían haber polarizado la iglesia en dos bandos opuestos.

Sé de una iglesia donde tuvo lugar esta precisa tragedia. Dos mujeres de capacidad indiscutible ejercían, ambas, cargos de vicepresidenta de las actividades de las mujeres de la iglesia. Cuando la presidenta dimitió, la rivalidad salió a la luz del día. La antigua presidenta había podido mantener a las dos mujeres ocupadas trabajando de manera armoniosa.

Ahora las dos mujeres se disputaban la presidencia y a ninguna le pareció que hacía algo que no fuera bíblico o cristiano. Pero las divergencias aumentaron hasta que la iglesia quedó dividida. Los miembros llegaron a tomar posiciones en el conflicto. Las dos mujeres medían el poder que tenían según el lugar donde la gente se sentaba en el culto: todos los de un grupo se sentaban en el lado izquierdo; los del otro grupo, en el lado derecho. Un puñado de neutrales se sentaban al fondo de la iglesia, apartados de los demás.

De haber sido el pastor un líder fuerte podría haber zanjado el problema. Pero no hizo caso del mismo durante mucho tiempo. Cuando esta táctica no dio resultado, intentó contentar a los dos grupos. Lo que consiguió esta táctica fue que los dos grupos se pusieran de acuerdo en una cosa: pedir su dimisión.

Cuando llegó el nuevo pastor, dio su apoyo de manera poco afortunada a un lado de la disputa y la iglesia se partió. Los que dejaron la iglesia se hicieron miembros de otra iglesia dos manzanas más abajo. En los años que siguieron a esta escisión definitiva, el pas-

149

tor siguió atacando en sus sermones a los que se habían ido: «Se han desviado de la verdad. Se han ido a menos luz.»

¿No habría sido mejor para el reino de Dios que el primer pastor hubiera logrado establecer la paz entre las dos mujeres en los primeros días de su rivalidad? Todo el caos, dolor y amargura que se produjo podía haber sido evitado si aquel primer pastor hubiera entendido un principio muy sencillo:

PRINCIPIO 16:

LOS LÍDERES PRUDENTES HACEN QUE LOS PROBLEMAS TRIVIALES NO LLEGUEN A HACERSE IMPORTANTES

5 *Parte*

EL FUTURO DEL LIDERAZGO

CAPÍTULO DIECISIETE

DE DÓNDE PROCEDEN LOS LÍDERES

A veces pienso en los doce discípulos primeros. ¿Les escogió Jesús por su potencial para el liderazgo y luego les ayudó a realizar este potencial? ¿O escogió una docena de hombres algo «marginados» y les dio una nueva capacidad y talentos? Después del día de Pentecostés todos mostraron un valor y elocuencia que no habían manifestado antes; pero ¿qué es lo que tenían al principio?

No sé la respuesta. Pero creo que los discípulos mostraron algunas características para el liderazgo antes de que Jesús los llamara. Andrés, por ejemplo, reclutó a su hermano inmediatamente después de haber conocido a Jesús —lo cual indica esta característica—. Pedro resulta ser un hombre de mente y palabra aguda y rápida, pero capaz de profundidad espiritual. En ambos casos el Señor eliminó sus puntos débiles e hizo resaltar los positivos.

Por contraste, vemos que impera el desaliento en el negocio y en la iglesia cuando hablamos de liderazgo. Todo tipo de excusas se ofrecen continuamente. Son demasiadas las veces que un líder se queja: «No puedo encontrar a nadie en mi iglesia (compañía, club o escuela dominical) que quiera asumir un mínimo de responsabilidad.»

Hay dos cosas que me molestan de esta afirmación. Primero, indica que los líderes actuales no están buscando nuevos líderes en los sitios apropiados. Segundo, parece que los criterios que utilizan en la búsqueda no son los más adecuados. Examinemos de manera detenida estos dos puntos.

Buscar en los sitios no apropiados

Algunos expertos del liderazgo estiman que sólo un 10 por ciento de cualquier grupo muestra habilidad para ser líder. Chuck Olsen, una autoridad en grupos pequeños y de liderazgo en las iglesias, viajó de manera extensiva entre las iglesias en los años 1960 y 1970. Observó a más de 1.000 congregaciones de las denominaciones más importantes y concluyó:

«Por grande que llegue a ser la membresía de una congregación, el conjunto de personas que da muestras de liderazgo no supera las sesenta y cinco o setenta.»

No lo afirmó para *hacer* una regla, no le gustaba el *hecho*; instó a los líderes a que actuaran de manera que *cambiara* la tendencia. No obstante, las conclusiones de su trabajo le llevaron a esta afirmación.

La mayoría buscamos a los líderes entre las personas que ya han subido y tienen posiciones de responsabilidad. Aceptamos la veracidad del dicho: «Si necesitas que te hagan algo, busca a una persona ocupada.» Esto funciona, por lo menos durante un tiempo. Sin embargo, en muchas organizaciones —sobre todo las de tipo voluntario, como la iglesia— pedimos, tiramos, empujamos, rogamos y suplicamos tanto a los trabajadores que se muestran capaces de liderazgo, que les dejamos agotados. Es entonces cuando dimiten, trabajan de manera poco efectiva o aprenden a dar todo tipo de excusas con que explicar por qué no pueden hacer lo que se les pide. A veces simplemente se van y se hacen miembros de otro grupo.

Buscando con la perspectiva adecuada

Hay mucha gente alrededor nuestro que tiene talentos latentes para el liderazgo y que podríamos desarrollarlos. Pero, en vez de hacer esto, esperamos a menudo a que salga un líder hecho y derecho, en detrimento nuestro.

Hay que considerar el ejemplo de Jesús y los discípulos otra vez. En la primera mención de los discípulos en los Evangelios no vemos muchas características destacadas. Leví (Mateo) puede haber mostrado más iniciativa que los otros, puesto que era recaudador de impuestos. Pero Pedro, Santiago y Juan se ganaban la vida como pescadores. De haber sido ejecutivos emprendedores, sin duda ya habrían tenido su propia flotilla de barcos.

En otras palabras, sabemos poco de las muestras de liderazgo que mostraron los discípulos antes de llegar a serlo. Quizás es debido esto a que los escritores del Evangelio no consideraban que esta información fuera importante; un concepto bíblico básico es, al fin y al cabo, que no hemos de demorarnos en lo que fuimos, sino en lo que seremos. Y estos hombres, siguiendo el ejemplo de Jesús, se hicieron líderes.

Descubriendo el liderazgo

Jesús no esperó a que las características de un líder se mostraran por sí solas. No hizo *tests*, ni pidió a los discípulos que escribieran solicitudes para ver si querían ocupar posiciones de liderazgo. Sino que con su visión infalible vio el potencial de cada uno de ellos. Les escogió y dijo: «Venid y seguidme.»

Los líderes no se dan cuenta, con frecuencia, de que

en cada congregación (u otro grupo) hay bastante gente para satisfacer las necesidades del liderazgo. Aquí vemos el ejemplo de una iglesia de los arrabales.

W. A. Hanson y su esposa, Edna, destacaban como líderes. En su iglesia, como en la mayoría, había un miembro al que se reconocía como el más importante. Este miembro era W. A. Hanson. Entretanto, Edna se hizo responsable de todas las actividades que tuvieran que ver con las mujeres. En conjunto, los Hanson llevaban el peso del liderazgo de la iglesia; si hacía falta hacer algo, el pastor y los otros miembros no tenían que hacer otra cosa que llamar a W. A. o a Edna y la cosa se hacía.

Entonces vino un cataclismo. Los Hanson tenían que trasladarse a otra ciudad. Debido a problemas de salud de Edna, se veían obligados a ir a un clima más templado. Después de sufrir durante dos años más los inviernos fríos del sitio donde estaban, el matrimonio se trasladó a Florida.

La iglesia lloró su ausencia antes de que se hubieran ido. El pastor, quizás más que ningún otro miembro, se dio cuenta del vacío que dejaría su partida. «¿Qué haremos?», se preguntaba una y otra vez.

Dos semanas antes de la partida de W. A. y Edna, el pastor hizo una apelación desde el púlpito: «Tenemos muchos cargos que han venido llenando W. A. y Edna. Necesitamos gente que quiera reemplazarles en estas posiciones y asumir las responsabilidades.»

Con gran sorpresa por su parte, la gente respondió. Antes de haberse marchado los Hanson, había ocho personas que querían desempeñar los cargos de líder ocupados por W. A. y Edna. El pastor habló muchas veces de las lecciones valiosas que aprendió de esta experiencia:

1. Nadie es imprescindible en la obra del reino de Dios.

2. La gente puede no darse cuenta de su propia capacidad para el liderazgo hasta que alguien lo descubre y les da la oportunidad de ejercerla.

3. Las características de un líder se hacen visibles

cuando la gente tiene la oportunidad de desarrollarse.
4. La gente entra en posiciones de liderazgo cuando sabe que se quiere que se haga.
5. La mayoría de los líderes aprende sobre la marcha.

Entrenamiento para el liderazgo sobre la marcha

Jesús enseñó a sus discípulos tanto mediante sus consejos como con su propio ejemplo. Miró hacia el futuro, cuando ya no estarían con Él. Con tiempo les encargó: «Como me envió el Padre, así también yo os envío» (Juan 20:21).

Su partida significaba que tenían que utilizar su entrenamiento, habilidades naturales y el acceso al Espíritu Santo para ser guiados. Se vieron en la situación de aceptar responsabilidad o dejar el cargo.

En el día de Pentecostés, por ejemplo, la multitud se congregó alrededor de ellos después de la llegada del Espíritu Santo. «¿Qué pasa?», preguntó la gente. Pedro se levantó y pronunció uno de los sermones más importantes de la historia del cristianismo.

Unos pocos días después los ancianos y principales de los sacerdotes les prohibieron predicar más, pero ellos continuaron predicando. Cuando se les arrastró al tribunal, Pedro y Juan dijeron: «Juzgad si es justo delante de Dios obedeceros a vosotros más bien que a Él, porque no podemos menos que decir lo que hemos visto y oído» (Hechos 4:19-20).

En el libro de Hechos queda historiado, ejemplo tras ejemplo, el valor de los discípulos. El fruto del liderazgo tuvo lugar tres años después de que Jesús les hubiera dicho: «Seguidme».

La Escritura y la tradición nos legan la historia de lo que les pasó a los apóstoles: Herodes mató a Jacobo, el hermano de Juan. El gran ministerio de Pedro continuó. Tomás se hizo, por lo visto, el apóstol de la India y el Lejano Oriente. El joven Marcos fundó la iglesia copta, la iglesia de Alejandría que estuvo más tarde a la vanguardia del cristianismo durante más de 200 años. Los otros apóstoles también viajaron por todo el mundo conocido y proclamaron el Evangelio.

Para mucha gente de su época, los discípulos debieron haber parecido un grupo poco apto para ser utilizado por Dios. Pero Jesús vio algo especial en ellos y desarrolló este «algo» por medio de entrenamiento sobre la marcha.

Llegando a conocer a la gente

Es muy probable que no haya cualidad que ayude mejor a los líderes en sus decisiones y desarrollo que la cualidad rara que llamamos, a veces, «intuición» o «perspicacia». Jesús evidenció sus poderes de intuición con frases como la siguiente, dicha en el aposento alto, después de haber lavado los pies a los discípulos: «El que está lavado no necesita sino lavarse los pies, pues está todo limpio; y vosotros estáis limpios, aunque no todos. Porque sabía quién le iba a entregar; por eso dijo: «No todos estáis limpios» (Juan 13:10-11).

Jesús conocía el ser interior de la gente, tanto lo bueno como lo malo (Juan 2:23-25). Conocía a Judas y la maldad de su corazón. Conocía a Juan, a Jacobo y a Natanael y vio su potencial como líderes.

Cómo escoger a los líderes

¿Cómo y de qué manera podemos encontrar nuevos líderes? A continuación se enumeran unas sugerencias que se basan en principios bíblicos:

1. *Escoger a los fieles*. En la parábola de Jesús sobre los talentos, el Señor elogió al siervo útil de la manera siguiente: «Bien, siervo bueno y fiel; sobre poco has sido fiel, sobre mucho te pondré» (Mateo 25:23). En otras palabras, quien es fiel en las cosas pequeñas lo será en las grandes.

Hay que buscar a los que hacen los trabajos indispensables que no se «ven». La esfera de su responsabilidad puede que sea tan limitada como la de hacer el café cada domingo, pasar lista en las clases o ayudar a los otros cuando tienen tiempo para hacerlo. Cuando a estas personas se les agradecen pequeños trabajos que cumplen fielmente, y se dan cuenta de este agradecimiento, pueden querer aumentar sus responsabilidades. Cada vez que intentan una nueva tarea y la cumplen bien, están un paso más cerca del liderazgo.

2. *Orar pidiendo sabiduría.* Esto puede parecer obvio, pero me encuentro con que los líderes, cuando necesitan ayuda, empiezan por preguntar: «¿A quién le gustaría hacer esto? ¿Quién sería el que no me diría que no?» No empiezan hablando a Dios.

Sé de una iglesia donde el pastor y el superintendente de la escuela dominical se vieron ante un problema al parecer insoluble. Por diversos motivos, más de la mitad de los maestros no podían seguir enseñando el mes de septiembre, después de las vacaciones. Se enteraron de esto el primero de mayo, y la reacción inmediata fue la de pánico. Pensaron en todas las personas a las que podían rogar y convencer para que aceptaran el cargo. Pero uno de los dos dijo: «Oremos por este problema antes de volvernos locos.» Así que oraron, y acordaron orar durante los dos días que precedían a la reunión del comité. En estos dos días el primer sentimiento de pánico se había desvanecido. Idearon el plan para buscar a las personas con el potencial requerido. Para junio ya tenían todas las vacantes cubiertas. Habían aprendido una lección valiosa también.

3. *Recordar que no hay personas «sin talento».* Muchas iglesias hoy se dan cuenta del concepto de los dones espirituales (Romanos 12:3-8; 1 Corintios 12:14; Efesios 4:7-16) y han aprendido la manera en que se pueden poner en práctica. Un gran número de estos líderes ha comprobado que lo mejor es considerar que no hay iglesia cuyos miembros no tengan talento, y obrar en consecuencia.

Porque, tanto si obran de una manera como de otra, lo esencial es no sólo realizar la obra de la iglesia, sino también ayudar a los cristianos a identificar y utilizar los dones recibidos de Dios. Como dijo un pastor en un sermón sobre los dones espirituales: «Usarlos, o perderlos.»

Una iglesia nombró un comité de diez individuos imaginativos y emprendedores. Los diez se dividieron la membresía entre sí y visitaron a los miembros en sus casas o lugares de trabajo, hablándoles de sus dones espirituales. No dejaron que nadie se escabullera alegando: «Me parece que Dios no se acordó de mí en la distribución.»

Estos diez querían alentar a los miembros no sólo a descubrir sino a *utilizar* los dones dados por Dios. Un miembro lo expresó de la siguiente forma: «Si cada iglesia es un cuerpo, no hay que sorprenderse de que haya tantos problemas. ¿Cómo se puede tener un cuerpo en pleno funcionamiento cuando falta una pierna, un ojo o una rótula? Cuando todos los miembros de un cuerpo cumplen sus tareas, funciona de manera perfecta y bella.»

4. *Confirmar a los líderes que han sido escogidos.* No queda testimonio de si Jesús alababa cada día a los discípulos con respecto a sus características para el liderazgo. Pero sabemos que confirmó a los que vivían dignamente. Les dijo que con sólo una excepción eran limpios (Juan 13:10). En su última noche con ellos antes de ser arrestado, dijo:

> «Vosotros sois mis amigos, si hacéis cuanto yo os mando. Ya no os llamo siervos, porque el siervo no sabe lo que hace su señor; sino que os he llamado amigos, porque todas las cosas que le oí a mi Padre, os las he dado a conocer» (Juan 15:14-15).

Después de su resurrección, Jesús encomendó su misión a los que iban a trabajar por Él (Juan 20:21). En la discusión final que tuvo con los discípulos, según el Evangelio de Juan, confirmó el ministerio de Pedro a pesar de su negación anterior. Cristo preguntó a Pedro tres veces: «¿Me amas?». Cada vez añadió el mandamiento: «Apacienta mis corderos» (Juan 21:15); «pastorea mis ovejas» (v. 16) y, finalmente, «apacienta mis ovejas» (v. 17).

Sólo cuando leemos la continuación de esta historia, que queda narrada en Hechos, nos damos cuenta de cuánto había cambiado el liderazgo de los discípulos y cuánto se había desarrollado. Esto, quizás más que otra cosa, muestra que la manera en que Jesús escogía y enseñaba a sus discípulos era una manera que daba resultados, eficaz.

PRINCIPIO 17:

LOS LÍDERES SON ESCOGIDOS Y DOTADOS POR DIOS; PERO NOSOTROS TENEMOS QUE DESCUBRIR Y AYUDARLOS EN SU DESARROLLO

CAPÍTULO DIECIOCHO

HACER DE LÍDERES DE SEGUIDORES

Estudié recientemente Juan 13—17 porque quería reflexionar sobre las últimas palabras de Jesús a sus discípulos antes de ser arrestado. Lo que dijo era mucho; más que una despedida fue un resumen de los tres años de aprendizaje con Él. Hacía mucho tiempo que les había ido diciendo que un día iban a estar solos. Ahora les prometió enviarles una ayuda: el Espíritu Santo.

Tiene que haber sido difícil para los seguidores entender las palabras de Jesús. La mayor parte de lo que dijo sólo podía entenderse mucho después. Quizás fueron unos minutos difíciles para Jesús mismo. Había trabajado con los discípulos, les había enseñado y vivido su entrega día tras día. Sin embargo, pronto iban a quedarse sin su presencia física.

Pero los discípulos siguieron adelante para triunfar. Hoy podemos examinar el estilo de liderazgo de Jesús y darle las gracias. Él alentó a sus seguidores a seguir adelante sin esperar a que ellos le pidieran posiciones de responsabilidad e importancia.

Por contraste, he conocido muchas relaciones líder-seguidor que empezaron bien y acabaron mal. Me acuerdo de un caso en que un anciano de la iglesia, que se llamaba Charles, vio la capacidad evidenciada por un joven convertido llamado David, y le dijo: «Me

163

gustaría trabajar contigo y entrenarte para ocupar una posición de responsabilidad en la iglesia.» El joven se lo agradeció.

David acompañaba al anciano cuando éste hacía visitas al hospital, hacía evangelización, y otras situaciones que el anciano pensaba que ayudarían a la maduración del joven cristiano. Charles enseñaba una gran clase dominical y trabajó con paciencia con David para ayudarle a desarrollar sus habilidades docentes. Con todo esto los dos hombres llegaron a establecer una relación parecida a la que existe entre un padre y un hijo.

Está bien, ¿no? Lo estuvo durante unos tres años. Con el tiempo, David quiso hacer las cosas por su propia cuenta. Quería pensar por sí mismo, llegar a sus propias decisiones sobre el ministerio entre la membresía. Charles le había enseñado bien, pero él sentía la necesidad de poner en práctica lo que se le había enseñado. Además no se sentía a gusto, sino tímido, cuando hacía visitas evangélicas, y decidió no concentrarse en esta área.

La desavenencia aumentó cuando Charles se resistió a permitir a David que ejerciera su propia voluntad. Había estado dirigiendo la vida de David y no estaba dispuesto a renunciar a esta práctica —aunque nunca lo hubiera admitido—. Al final David dejó aquella iglesia y se hizo miembro de otra, donde no tardó en llegar a una posición de liderazgo.

Charles se sintió herido. Creyó que el joven que había entrenado se le había mostrado desagradecido. Es lástima que no entendiera nuestro último principio sacado de la vida de Jesús:

PRINCIPIO 18:

LOS LÍDERES ENSEÑAN A OTROS QUE LLEGAN A SER LÍDERES QUE ENSEÑAN A OTROS

Preparar a otros para el relevo

Una característica de los buenos líderes es que preparan a otros para el relevo. No sólo preparan a sus seguidores para que «lo hagan bien», sino que los preparan para que puedan hacer todo lo que ellos mismos hacen. Estos sucesores no siempre están a la altura: puede que no estén capacitados para las demandas que se les hacen, o puede que lo hagan mejor que su líder.

Jesús trabajó en este sentido con su puñado de reclutas: enseñándoles, entrenándoles, amonestándoles, abriéndoles el camino y mostrándoles por dónde ir. Hizo esta declaración a los discípulos: «De cierto, de cierto os digo: El que cree en mí, las obras que yo hago también él las hará; y aun hará mayores que éstas, porque yo voy al Padre» (Juan 14:12). Esto es parte del principio sobre la preparación: enseñar a los seguidores a hacerlo mejor que el que los enseña.

Hace años oí a un orador cristiano sentar los dos principios para formar a los líderes:

1. *Dar responsabilidad a los otros antes de que estén preparados para ella.* No pretendía con esto el ascenso indiscriminado de gente a posiciones de importancia. Quería decir que la mejor manera para entrenar a los otros es hacer que tengan que distenderse. Antes de que estén del todo preparados para un puesto, concedérselo. Hacer que el puesto sea más grande que ellos mismos. De esta manera se verán obligados y dispuestos a seguir aprendiendo.

2. *Dar a los líderes en ciernes todo lo necesario antes de que lo pidan.* Lo expresó de otra forma: «Sostenemos cuando soltamos.» Si el líder mantiene su posición hasta que tiene seguridad de que el seguidor está preparado para hacerse cargo de ella, el seguidor puede que le pida la posición directamente. Esto crea tensión y pone a las personas a la defensiva. ¿Por qué no preparar a los seguidores para hacerse cargo del relevo antes de que sepan de manera segura que quieren ocupar la posición?

Las transiciones funcionan de esta manera en el ne-

165

gocio, la iglesia y la familia. La delegación de la responsabilidad requiere mucha previsión.

Los líderes de una organización cristiana, por ejemplo, prefieren ascender a la gente a posiciones de más importancia desde dentro de la organización. No buscan fuera de la comunidad, salvo si no encuentran a alguien capacitado para ser entrenado a ejercer la posición. Y son pocas las veces que tienen que recurrir a esta búsqueda en el exterior. El resultado es que los empleados saben que sus jefes se dan cuenta del potencial de cada uno, y lo buscan.

El principio del reemplazo

Un pastor se jubiló después de veintinueve años de llevar la dirección de tres iglesias florecientes. En cada iglesia la membresía se había doblado, por lo menos, desde que él se había hecho cargo de la misma. En agradecimiento a su abnegada labor, los amigos y convertidos prepararon una cena conmemorativa después del culto.

Antes de que el pastor predicara su último sermón, uno de sus colegas le preguntó: «Ahora que deja el ministerio activo y puede mirar hacia atrás, ¿qué cosa de todas las que usted ha realizado considera que fue la mejor?»

El pastor reflexionó un instante. Se le iluminó la cara cuando dijo: «Es fácil responder a esta pregunta. Las treinta y siete personas que están de alguna manera en el ministerio cristiano hoy; yo he tenido el gran privilegio de ser su pastor.»

No dijo, más tarde, a sus amigos congregados lo que había hecho para alentar a estas treinta y siete personas. Pero el hecho es que esperó sabiamente hasta que ellos mismos le mostraron iniciativa o empezaron a hablarle de un servicio mayor. Una vez las personas habían abierto la puerta y mostrado su deseo de servir a Jesucristo de manera más completa, aquel pastor les alentó en cada paso que dieron en el camino.

Hubo, por ejemplo, cuatro miembros de la congregación del pastor que se preparaban para ser pastores ordenados. El pastor no sólo les instó a que hablaran en público, sino que preparó el culto de manera que pudieran participar. Al principio hicieron cosas fáciles, como leer los informes de las actividades o las Escrituras. A medida que iban acostumbrándose a hablar delante del público, el pastor se las arregló para que tuvieran la oportunidad de dirigir el culto de entre semana o que predicaran cuando otro pastor estaba de vacaciones. El pastor mismo se ausentaba del púlpito cuatro veces al año, y dispuso que estos pastores en ciernes predicaran estos domingos.

Esto es un principio bíblico. En el Antiguo Testamento, Josué aprendió bajo Moisés. Cuando Dios llevó a Moisés a su morada en el cielo, Josué pasó a ser líder. Elías hizo un gran ministerio en el reino del norte, Israel. Después de que Dios le hubo llamado al cielo, Eliseo llegó a ser el profeta principal de Israel.

En el Nuevo Testamento, Pablo enseñaba constantemente a los demás. Siempre llevaba consigo a otros cuando hacía sus viajes misioneros. Juan Marcos, el sobrino de Bernabé, abandonó el primer viaje misionero en la mitad, pero más tarde maduró y se hizo responsable. Pablo escribió a Timoteo: «Toma a Marcos y tráele contigo, porque me es útil para el ministerio» (2 Timoteo 4:11). Por el contrario, otros, como Demas (2 Timoteo 4:10), resolvieron más tarde seguir sus propios caminos.

Parece que Pablo amonestó a Priscila y Aquila (Hechos 18:2, 26), y que éstos a su vez amonestaron a Apolos (Hechos 18:24-28). Éste es el verdadero significado del discipulado: enseñar a los discípulos de manera que, con el tiempo, puedan enseñar a otros. Pablo escribió esto a Timoteo: «Y lo que has oído de mí ante muchos testigos, eso encarga a los hombres fieles que serán idóneos para enseñar también a otros» (2 Timoteo 2:2).

Es de esta manera como se propaga y permanece el Evangelio. Es, asimismo, la manera en que se debe traspasar el liderazgo en el negocio, la iglesia y la familia.

Entrenando a los corredores

Jesús utilizó por lo menos cuatro métodos para entrenar a sus seguidores a ser líderes. Estos métodos pueden ser utilizados para preparar líderes en todos los campos:

1. *Enseñando los preceptos.* Esto es lo que la mayoría pensamos que es el entrenamiento: impartir principios y conocimientos. En el Antiguo Testamento, Elí utilizó este método con Samuel. Después de llegar al templo, cuando niño, Samuel creció bajo el liderazgo de Elí. Con el paso de los años, Elí le enseñó todo lo necesario para ser un sacerdote: lo que tenía que hacer, llevar y decir el sacerdote. Llegó un día en que Samuel tomó la responsabilidad de ser el principal sacerdote de la nación judía.

2. *Enseñando con el ejemplo.* Los estudiantes casi aprenden tanto del carácter y estilo de vida de sus profesores como de lo que aprenden de sus palabras. De hecho, muchos educadores dicen que la personalidad del profesor es lo que más comunica.

Hace un siglo, Brooks Phillips definió el predicar como «la verdad por la personalidad». Creo que estaría de acuerdo en que la verdad es la verdad, no importa quien la diga. Pero la verdad viene, asimismo, envuelta en la personalidad del mensajero. El individuo que predica o da instrucción dice tanto por medio de su apariencia, personalidad y actitud, como con el contenido que transmiten sus palabras.

En los años 1960, Marshall McLuhan vino a decir lo mismo cuando escribió: «El medio es el mensaje». De la misma manera que podemos decir a un hipócrita: «Tus acciones hablan tan fuerte que no podemos oír una sola palabra de lo que estás diciendo», podemos decir de un profesor consecuente: «Su vida habla de manera tan positiva que oigo todo lo que me dice.»

Jesús fue consecuente. En ningún lugar de los Evangelios se sugiere que los discípulos pusieran en tela de juicio la sinceridad o integridad de Jesús, aunque llegaran a dudar de casi todo lo demás. El ser consecuente es un elemento básico para el líder en ciernes.

3. *Demostración por medio del resultado*. Cuando Jesús habló con sus críticos, les pidió que creyeran en Él. Luego dijo: «Si no podéis creer en mí, entonces creedme por las obras que hago» (Juan 10:38, paráfrasis del autor). Una vez dijo: «Porque las obras que el Padre me dio para que las llevase a cabo, las mismas obras que yo hago, dan testimonio de mí, de que el Padre me ha enviado» (Juan 5:36).

4. *Señalando el testimonio de otros*. Jesús se refirió a Juan el Bautista como testigo de su ministerio. Pablo, al enumerar los requisitos para ser un obispo o encargado, dijo: «Y debe tener buen testimonio de los de afuera, para que no caiga en descrédito y en lazo del diablo» (1 Timoteo 3:7).

Sí, aun el testimonio de los no cristianos puede ayudarnos a crecer en el liderazgo. Necesitamos acordarnos de que los que están fuera de la fe observan a menudo con mucho cuidado al pueblo de Dios —a veces con una tendencia recriminatoria—. Si los líderes de Dios en el negocio, la escuela y la iglesia viven sinceramente la fe cristiana, los incrédulos reconocen (a veces a regañadientes) la fidelidad de estos líderes.

Un pastor amigo mío se dio cuenta de este hecho cuando el nuevo editor del periódico local fue a verle.

«Quería entrevistar a dos personas», dijo el editor. «Así que empecé preguntando: ¿Quién es el predicador más influyente de la comarca? Casi todos me dieron su nombre. Preparaba otra entrevista, así que hice otra pregunta: Si sólo tuviera una persona en quien confiar, aparte de sus amigos entrañables o sus parientes, ¿a quién escogería? Casi todo el mundo me dio su nombre también, como en la pregunta anterior.»

Cuando oí esta historia pensé en el impacto de la vida y dedicación de este líder en su comunidad. Mucho después de que él se haya ido, los resultados de su ministerio permanecerán. Él ha preparado a otros para que enseñen y vivan lo que les ha enseñado. La verdad de lo que ha enseñado ha sido avalada por los resultados y por el testimonio de cristianos y no cristianos.

¿Podría un líder esperar legar mejor herencia a sus seguidores?

¡Felicitaciones, graduados!

Todo curso de instrucción viene un día en que se acaba. Los estudiantes reciben sus diplomas, títulos o certificados. Deben salir y enfrentarse con el mundo real y buscar un trabajo. Ya se ha acabado la preparación.

Si los primeros discípulos tuvieron algo parecido a una ceremonia de final de curso, ocurrió en Juan 20:19-23. Después de la resurrección, Jesús se apareció a sus seguidores en el aposento alto, donde habían comido la cena de Pascua juntos. Les dijo estas palabras: «Como me envió el Padre, así también yo os envío» (v. 21). La preparación de los discípulos había llegado a su fin. Ahora irían por el mundo a proclamar el Evangelio.

Éste es el propósito de enseñar a los otros: formar líderes que formen a otros de manera que éstos puedan llegar a ser líderes. Jesús empezó esta tarea al rodearse de doce apóstoles que a su vez se rodearon de otros.

¿No debe ser ésta la meta del estilo de nuestro liderazgo también?

LIDERAZGO AL ESTILO DE JESUS

ESTIMADO LECTOR:

La DIRECCION de la Editorial CLIE, agradece sinceramente el que usted haya adquirido este libro, deseando que sea de su entera satisfacción.

Si desea recibir mas información remítanos este volante con su nombre y dirección y le enviaremos gratuitamente nuestro Boletín de Novedades.

Cualquiera observación que desee hacernos puede escribirla al dorso.

Desprenda esta hoja tirando hacia afuera y de arriba a abajo y envíela a su Librería o a:

EDITORIAL CLIE
Galvani, 113
08224 TERRASSA (Barcelona) España

Nombre: _____

Calle: _____

Ciudad: _____

Estado: _____

Edad: _____ Profesión: _____ Fecha: _____

Nota:
Este libro ha sido adquirido en:

OBSERVACIONES: